VENDO ATRAVÉS DAS PAREDES

Um diário de reflexão pós-meditação

VENDO ATRAVÉS DAS PAREDES

Joseph C. Sturgeon II

Copyright © 2023 por Joseph C. Sturgeon II

Todos os direitos reservados. Este livro é protegido pelas leis de direitos autorais dos Estados Unidos da América. Este livro não pode ser copiado ou reimpresso para fins comerciais ou lucrativos. O uso de citações curtas ou cópias ocasionais de páginas para estudo pessoal ou em grupo é permitido e encorajado. A permissão será concedida mediante solicitação.

As citações bíblicas marcadas como NKJV foram extraídas da Nova Versão King James. Copyright © 1982 da Thomas Nelson, Inc. Usado com permissão. Todos os direitos reservados.

As citações bíblicas marcadas como KJV foram extraídas da versão King James.

As citações bíblicas marcadas como AMP foram extraídas da Amplified® Bible, Copyright© 1954, 1958, 1962, 1964, 1965, 1987 pela Lockman Foundation. Usado com permissão.

Citações bíblicas extraídas da New American Standard Bible®, Copyright© 1960, 1962, 1963, 1968, 1971, 1972, 1973,1975, 1977, 1995 pela The Lockman Foundation. Usado com permissão.

Publicado por Seraph Creative em 2023

Estados Unidos / Reino Unido / África do Sul / Austrália www.seraphcreative.org

Composição e Layout por Feline - www.felinegraphics.com

Todos os direitos reservados. Nenhuma parte deste livro, incluindo a arte, pode ser usada ou reproduzida em qualquer assunto sem a permissão por escrito do editor.

VENDO ATRAVÉS DAS PAREDES

Um diário de reflexão pós-meditação

Joseph C. Sturgeon II

AGRADECIMENTOS

Eu gostaria de usar algumas frases aqui e dar crédito e honra a quem é devido. Gostaria de agradecer particularmente ao Dr. Adonijah Ogbonnaya. Sua ajuda e maestria na arena meditativa (entre outras) são inigualáveis e algo que admiramos muito. Ele ajudou a moldar meu casamento como místico. Sem exagero, este trabalho não teria sido possível sem ele e sua ajuda, pois não teríamos entendido as profundezas que estávamos sondando sem sua visão, recursos e conhecimento. Grande parte da estrutura que começamos a abordar aqui começou com o Dr. O. Ele é um mentor espiritual, amigo e uma das pessoas mais graciosas que já tivemos o privilégio de conhecer. Ele também comprovadamente ama Jesus Cristo em sua vida pessoal e diária mais do que qualquer outra pessoa que conheci. Obrigado Dr. O.

Também gostaria de agradecer a minha esposa, pois sem ela, isso não seria possível. Aqueles de vocês que a conhecem verão onde ela interveio. São as partes boas! Ela foi a idealizadora e executora deste trabalho e merece nossos agradecimentos.

Por fim, gostaria de agradecer ao meu bom amigo Chris Blackeby. Algumas das histórias que você lerá neste livro foram aventuras com ele. Chris, você é uma das pessoas mais intencionais, amorosas e incomparáveis que conheci, e ajudou mais pessoas que amo muito, do que qualquer outra pessoa que conheci. (Além disso, meu passaporte ainda tem espaço, então acho que você está ganhando nossa competição). Obrigado mano.

Joseph

"Cristo comigo, Cristo diante de mim,
Cristo atrás de mim,
Cristo em mim,
Cristo abaixo de mim,
Cristo acima de mim,
Cristo à minha direita, Cristo à minha esquerda,
Cristo quando me deito,
Cristo quando me sento, Cristo quando me levanto,
Cristo no coração de cada homem que pensa em mim,
Cristo na boca de todo aquele que fala de mim,
Cristo em cada olho que me vê,
Cristo em todos os ouvidos que me ouvem".

São Patrick

ÍNDICE

9 | Estabelecendo a intenção
11 | Boas Vindas
12 | Por que anotar é importante e como registrar em um diário consistentemente
14 | Como usar esse diário
18 | Exemplos de anotações diárias
29 | Prática pessoal e registro da nossa aventura

31 | Parte 1: Reflexões Sobre A Alma Radiante Iluminada
32 | Creating I am statements
34 | Sugestões de insights espirituais
102 | Sugestões adicionais
106 | A substância de seu nome

111 | Parte 2: Tornando-se um Criador
112 | Sugestões de insights espirituais
180 | Sugestões adicionais
182 | Creando rituais para aumentar a intencionalidade

187 | Parte 3: Criando Equilíbrio
188 | Sugestões de insights espirituais
258 | Sugestões adicionais

ESTABELECENDO A INTENÇÃO

Minha intenção com esse diário é

_____

_____

_____

BOAS VINDAS

Bem-vindo ao *Vendo Através das Paredes*, seu diário pós-meditação.

Há poucas palavras para descrever o impacto que os diários tiveram no mundo. Do diário de Marco Polo inspirando Cristóvão Colombo em sua jornada, aos esboços de Leonardo da Vinci, a um olhar detalhado sobre as lutas de Ludwig van Beethoven para lidar com a depressão e a surdez - tudo isso enquanto produz músicas que mudaram o mundo. A "melhor hora" de Churchill foi escrita em um diário. As citações mais famosas do general George S. Patton, como "Você pode ser o que você quiser ser" e "Sempre faça mais do que o que é exigido de você", foram todas escritas em um diário. Esses diários são a projeção externa dos pensamentos internos das pessoas mais famosas e inspiradoras que já viveram. Eles são uma prévia das mentes dos compositores, guerreiros, poetas e até mesmo do "povo comum" mais brilhantes do mundo. Um diário é um lugar onde os sonhos são desbloqueados, as visões são inspiradas e as lágrimas são derramadas. Os diários são dolorosamente honestos e incrivelmente brilhantes; eles são um campo de jogo nivelado onde pessoas normais como você e eu descobrimos o brilho velado dos segredos escondidos dentro, apenas para descobrir que não somos normais e o campo de jogo está empilhado a nosso favor.

O próprio diário é uma jornada para dentro de si mesmo para descobrir verdades e mistérios ocultos. A Bíblia fala sobre como "A glória do Senhor é esconder um assunto, mas a glória dos Reis é explorá-lo". Onde Deus escondeu esses mistérios se não dentro de nós? Para Claire e eu, os diários são uma ferramenta insubstituível que ajudou em nossa jornada - alguns dos quais imprimiremos e daremos aos nossos netos como parte de sua herança. Nosso canal Patreon, "The Ancient Quest" nasceu de ideias que tivemos durante o diário. Não está certo que os avanços que alcançamos e o conhecimento que adquirimos sejam perdidos. Pode levar 200 anos até que alguém realmente entenda, mas um dia, um de nossos descendentes o pegará e chegará a hora de continuar o trabalho e começará anos bissextos à frente daqueles ao seu redor. Por quê? Porque reservamos um tempo para escrevê-lo e as medidas necessárias para preservá-lo.

Gostaríamos de convidá-lo para este processo conosco. Contidos neste livro estão os passos muito simples e muito práticos que demos no início para desenvolver dentro de nós mesmos a disciplina do diário. Alguns dias há muito a dizer, outros há muito pouco, mas incluímos estrutura suficiente para ajudá-lo a produzir algo diariamente. É nossa alegria recebê-lo para a jornada. Oramos e nos empenhamos, com o desejo, de que cada palavra escrita aqui produza em você o que nos beneficiou por tantos anos.

Então deixe a aventura começar,

    Joseph e Claire

POR QUE ANOTAR É IMPORTANTE E COMO REGISTRAR EM UM DIÁRIO CONSISTENTEMENTE

As perguntas mais comuns que nos fazem são "como vejo no espírito?", "como ver mais?" ou "por que, quando medito sozinho, não vejo nada?" A presença de Deus é uma coisa incrível, quando interage com a Sabedoria produz faíscas de luz que se tornam 'flashes'. Eventualmente, se prestarmos atenção, podemos manter essas faíscas em silêncio até que elas se abram para nós e para o que está contido nelas. A compreensão do acima se torna infundada em nosso ser. Nem sempre estamos cientes de que há um lampejo, mas quando experimentamos um momento de insight infundido que só poderia vir de Deus (uma revelação de algo muito além de nossa experiência, nosso conhecimento ou nosso próprio entendimento) é nesses momentos que nós, de fato, agarramos o flash dentro do nosso ser e o seguramos, mesmo que por uma fração de segundo, no meio do movimento antes que ele passe. A meditação nos ensina a aumentar a consciência dessas faíscas e lampejos e treina nosso foco e vontade para captar esses lampejos.

O ato de escrever e registrar no diário é algo valioso e benéfico de várias maneiras. Listamos alguns benefícios que achamos que podem lhe interessar.

1. Ajuda a recordar.

    Tiago, na Bíblia, descreve a desobediência à palavra como olhar no espelho e depois esquecer a imagem. Muitas vezes, nossos encontros, experiências, paz, crescimento e até os edifícios mentais que construímos são esquecidos à medida que avançamos em nosso dia para a próxima coisa. Escrever sobre o insight força você a desacelerar sua mente e se concentrar nos aspectos específicos que você encontra. Ele os traz dos aspectos subconscientes de sua mente para a vanguarda consciente. Causa uma solidificação do que você viu, sentiu, experimentou. Ao escrever, sua mente revisita o que você experimentou ou viu. Este é o começo de aprender a "ver no espírito". Encontros claros são o resultado de uma mente treinada que vê detalhes através da prática e disciplina.

2. Contribui para o crescimento

    Após a meditação, o registro no diário usando instruções e perguntas pode fazer com que você se concentre em coisas que talvez não tenha notado antes. Jesus, nos Evangelhos, costumava usar perguntas para extrair o que estava escondido sob a superfície. A maneira judaica de aprender muitas vezes envolve questões que forçam a mente a considerar múltiplas perspectivas. O crescimento é o produto de uma mente aberta que se adapta rapidamente às mudanças.

3. **Treina seu cérebro**

    Escrever fisicamente também dá peso e valor ao que você poderia descartar. Por exemplo, talvez ao meditar no coração você experimente ou sinta algum tipo de movimento angélico. Você não necessariamente sabe seu nome, função ou propósito. Talvez você não possa vê-los, mas apenas sente que algo está lá. Este é um ponto de partida para acessar mais! A primeira vez que você viu uma maçã e seus pais disseram "maçã", você provavelmente não conseguiu repetir imediatamente. Na verdade, provavelmente levou mais algumas vezes para ver a maçã e ter a palavra "maçã" dita para você entender que a fruta vermelha é uma maçã. É o mesmo com a visão no espírito. Quando você escolhe reconhecer que sentiu ou sentiu algo quando fez 'x' ou 'y', mesmo que você não saiba o que é, isso diz que isso é valioso o suficiente para focar minha atenção e se torna um convite para perceber esse sentido novamente. A consistência em perceber e prestar atenção a esse sentido, com o tempo, mostrará a você o que é e o que está acontecendo. Seu cérebro reconhecendo informações espirituais como relevantes é um produto de treinamento e consistência.

4. **Acesso adicional e capacidade de mergulhar mais fundo**

    Somos parte de uma cultura instantânea. Queremos entender tudo e saber tudo em uma fração de segundo enquanto seguramos o flash apenas por um momento. Embora tudo possa ser infundido em meros momentos, não é sempre que nossos olhos mentais podem captar todos os detalhes. É o mesmo que abrir um livro de texto e dar uma olhada em uma página. Talvez peguemos alguns diagramas e algum texto, mas são necessárias algumas leituras para entender essa página, para entender como essa página se encaixa no livro didático e quais aspectos desse conteúdo não estão presentes nela que também precisam ser considerados. Fazer um diário é uma maneira de revisitar algo para mergulhar mais fundo nele.

5. **Memória Corporal**

    Os antigos costumavam escrever com tinta perfumada porque escrever algo fisicamente cria uma memória corporal que fica enraizada em você. Adicionar um perfume a ele faz com que sua mente se desloque para esse assunto quando você sentir esse cheiro específico. Causa um estado de alerta adicional. Ao escrever algo fisicamente, digamos, por exemplo, uma declaração "Eu sou", solidifica essa declaração em seu corpo físico. Agora, quando você é colocado em uma situação e precisa se lembrar de quem você é, isso se torna muito mais presente do que apenas um pensamento passageiro durante a meditação. A memória corporal concretiza o que antes era evasivo.

COMO USAR ESTE DIÁRIO

"Preencha seu papel com as respirações do seu coração" William Wordsworth

Este é o seu diário, estes são seus pensamentos, suas reflexões, suas visões e não há certo ou errado neste espaço - apenas o amor de Deus sempre presente fluindo em sua direção. Nossa intenção ao criar este diário é ajudá-lo a refletir e fazer perguntas ponderadas que aumentem e agreguem valor à beleza descoberta em suas meditações. Criamos uma estrutura para este diário, mas de forma alguma, esta estrutura pretende ser restritiva. A estrutura fornecida pode ser mantida solta ou aderida estritamente. Não importa sua preferência, esta é sua jornada pessoal, então, em vez de forçar algo, permita que a liberdade de Sua respiração o guie por estas páginas.

Estrutura:

Este diário é dividido em 3 partes e cada parte dura 28 dias (sim, não um mês inteiro, pois dá a você alguns dias caso você pule ou esqueça de registrar esse dia). Cada componente ou seção tem um tema, mas não é crucial que você os faça em ordem. Lembre-se, este é o seu diário, então use sua intuição e decida qual dos três aspectos é importante para você agora e escolha ele. O mesmo se aplica as sugestões. Se você não achar que aquela para aquele dia é particularmente útil, escolha outra entre as muitas sugestões no final de cada seção.

Parte 1: A Alma

Os primeiros 28 dias são sobre o eu e a alma. Ele incorpora a identidade, mente, coração, bênçãos geracionais e seu propósito. A intenção é que, por meio de reflexão, sugestões e uma série de meditações, você descubra mais sobre você e a composição de sua bela alma única. Você começará a descobrir como sua alma única deve contribuir para este mundo e deixar um impacto duradouro na Terra. Aprender a criar declarações de identidade a partir de um lugar de profunda intimidade e descanso é um ponto focal deste mês e continua nos próximos dois meses.

Parte 2: Tornando-se um Criador

A segunda parte deste diário é sobre se tornar um criador. Concentrando-se no nome de quatro letras de Deus e no nome de Jesus, para entender em um nível mais profundo a interconexão de Deus com toda a criação. Além disso, a parte dois também aborda o papel dos anjos dentro do processo de criação e a substância elementar que o homem recebe para moldar e estruturar a criação, ligando-a ao nome de Deus.

Part 3: Criando Equilíbrio

A terceira parte gira em torno de harmonizar conceitos aparentemente opostos tanto dentro de nós mesmos quanto globalmente, como misericórdia e julgamento, vida e morte e ressurreição, luz e trevas, provisão e seca. Considere pinturas impressionistas; seu objetivo era capturar a luz, mas para retratar a luz eles precisavam harmonizar as sombras dentro da pintura para criar algo de verdadeira beleza. Quando conseguimos harmonizar esses componentes, fazemos emergir a beleza.

Agenda Semanal

a.) Inspiração

Sendo um pouco mais específico, cada semana começa com uma descrição do foco de meditação para aquela semana. O propósito é inspirar e expandir sua mente e coração com essas descrições e dar seus vislumbres da beleza poética contida na criação e na maneira que Deus criou.

b.) Declaração de Identidade

Cada semana começa com a criação de uma declaração 'eu sou'. Uma seção inteira na Parte Um é dedicada à importância de criar declarações "eu sou" e como criá-las, escrevê-las e estruturá-las de acordo com o padrão que Jesus estabeleceu nos evangelhos. Essas frases e declarações são fundamentais no crescimento da identidade e no estabelecimento de sua vontade - em saber quem você é no âmago do seu ser. O reino espiritual responde a quem você é e não ao que você faz. Ao escrever e falar declarações de quem você é, você estabelece em nível consciente e inconsciente sua verdadeira identidade, solidificando-a como um farol magnético ao qual o mundo responde. Escrever essas declarações de 'eu sou' mostra como sua identidade evolui ao longo do tempo e ajuda você a olhar para trás e ver como Deus estabelece esse aspecto de sua identidade. A partir daí você passa para o próximo aspecto.

c.) Plano de Meditação

Além dessas inspirações semanais, um gráfico é fornecido para ajudar a planejar as meditações que você deseja fazer na semana seguinte. O gráfico semanal é fornecido por dois motivos. O primeiro é definir o foco da meditação naquele dia. Embora cada semana tenha um tema geral, às vezes há aspectos específicos desse tema nos quais você pode se concentrar ou uma declaração específica de "eu sou". Declarar o foco ajuda a definir sua intenção antes da meditação. O segundo propósito é ajudar a definir os aspectos específicos ou a técnica de meditação que você deseja desenvolver naquela semana. Alguns exemplos disso incluem respirar e focar em estar no presente, incorporar técnicas de relaxamento para melhorar a meditação, criar o cubo, recitar um versículo bíblico específico, cantar as letras do nome de Deus e dizer os nomes de Deus. Pode ser apenas uma maneira de aumentar o tempo que você passa meditando a cada dia em vez de um tipo diferente de meditação. Existem infinitas possibilidades (para mais ideias, veja 'The Ancient Quest' no Patreon). O valor do método de planejamento semanal é ajudá-lo a acompanhar sua prática de meditação, para garantir que o tipo de meditação esteja agregando valor e que você esteja crescendo diariamente.

Mais uma vez, é importante reafirmar que, embora seja valioso ter um plano de meditação inicial, todos são diferentes. Alguns prosperam com a estrutura, para alguns a estrutura parece falta de liberdade. O importante é que sua meditação se baseie em seu relacionamento com Deus e que você se sinta livre para abraçar Seu mover e crescer, gastar tempo e se desenvolver na área em que Deus está te fazendo crescer. As instruções e o planejamento são apenas chaves e ajudam a definir o foco, mas nada supera o amor de Deus e Seu caminho único por você e com você.

Declaração de identidade

Eu sou... o reparador de mundos

que realiza (ação associada)
Eu extraio das profundezas internas da divindade e a trago para o reino físico através do amor e da alegria, elevando aqueles ao meu redor para o futuro.

DIA	FOCO	PLANO DE MEDITAÇÃO
DOMINGO	Harmonização através da beleza	Inspire 4 vezes; expire 6 vezes
SEGUNDA	Espírito como um vento que movimenta as águas	Envolva-se em João 3:8
TERÇA	Espírito Santo como algo que aumenta o fogo	Medite no Nome Hakodesh Ruach
QUARTA	Respirar para acalmar as águas da alma	Nos olhos da mente, respire calma sobre as águas
QUINTA	A respiração como mecanismo de transporte pelos mundos	Inspire 4 vezes; expire 6 vezes em ciclos de quatro
SEXTA	A capacidade do nome de Deus para acalmar as águas	Medite em cada uma das letras de um Nome de Deus
SÁBADO	João 14:27; Crie uma declaração Eu sou sobre a paz	Meditate em João 14:27

Anotações

ANOTAÇÕES DIÁRIAS

E, finalmente, há o diário. A prática central do diário procura responder a 6 questões principais:

1. A Questão ou Sugestão Diária

Cada dia começa com uma sugestão ou pergunta para considerar um aspecto específico do tópico semanal. Essas perguntas foram criadas com a intenção de te instigar ou te encorajar a olhar novamente, olhar mais fundo e observar algo que talvez você não tenha percebido. Também criamos perguntas adicionais no final de cada seção. Se as perguntas que incluímos não suscitarem a exploração desejada, possivelmente existe outra que lhe serviria melhor. Estas não são prescritivas, mas sim ideias para ajudar a inspirar a compreensão. Essa pergunta pode ser pensada ao longo do dia, respondida em sua mente, na seção do que estou notando, na área de escrita geral (insight espiritual) ou completamente descartada. É importante fazer o que parece certo para você.

2. O que estou celebrando?

A gratidão é como a aurora perpétua. A celebração pode ser comparada a fazer o Sol nascer ao longo do dia e a alegria exuberante é fundamental na manifestação. Ao nos voltarmos para a gratidão e comemorarmos no começo do nosso dia, colocamos alegria e satisfação no início do nosso dia. Expandimos nossa alegria e nosso nascer do sol ao longo do dia, causando uma explosão de novidade, um refresco alegre e um som de louvor que recalibra o dia. Não precisamos esperar que algo grande ou pequeno aconteça, podemos comemorar antes que algo aconteça focando na ressonância vibracional da alegria.

3. O que estou percebendo?

Trata-se de aumentar a consciência e a observação de si mesmo e do ambiente. É um lugar de pensamento sem julgamento, uma maneira de entrar em contato com o que você está sentindo. A chave é observar em vez de transformar. Você é capaz de receber além das demandas imediatas e do ruído. Ao focar sua atenção em seus centros intuitivos, seu intestino, seus sentimentos ou coração, muitas vezes você é capaz de discernir e sentir muito mais do que seus sentidos naturais captam. Ao colocar sua atenção neles, agrega valor a esses sentidos e permite que eles amadureçam e se tornem mais sintonizados ao longo do tempo.

Exemplos:

Hoje estou notando... uma diferença entre minha intuição e meus instintos. Minha intuição age rapidamente e o tempo todo, enquanto meu instinto entra em ação quando algo está conectado ao meu

propósito na vida ou a um sistema de alerta. Meu instinto muitas vezes me leva a orar, enquanto minha intuição é mais apenas uma informação "bom saber".
Hoje estou percebendo... um som de água correndo com uma brisa fresca soprando no meu rosto. Sinto como se houvesse um movimento de água no mundo. Também notei um gosto amargo na boca, isso geralmente acontece quando há fofocas acontecendo sobre mim.

A princípio, o que você está percebendo pode ser mais sobre você mesmo, mas com o passar do tempo é possível colocar as coisas que você está percebendo em um contexto maior. Às vezes, não é uma indicação de sua própria emoção, mas sim um discernimento de algo que está acontecendo globalmente.

4. Meditação

Este diário é um diário de meditação, então, obviamente, a meditação é um componente. Talvez você não tenha tempo para meditar; nesse caso, pode ser um diário sobre um sonho profundo ou apenas um momento que você decide registrar. No entanto, achei extremamente útil anotar os vários tipos de meditação que escolho fazer em um dia específico. Seja apenas respirar, repetir um nome específico de Deus, repetir um versículo da Bíblia ou dizer letras hebraicas específicas em diferentes formações. Se eu experimentar muita presença de Deus durante uma meditação específica, posso voltar e repeti-la. Posso então descobrir mais tarde se há algo nessa meditação que ressoa com quem eu sou. Se eu medito de uma nova maneira, é bom registrar isso e poder voltar nos próximos anos e repetir essa forma de meditação. Este também é um lugar divertido para brincar com sua prática de meditação. Onde você meditou, meditou em plena luz do sol ou diminuiu as luzes e tocou música suave? Um ambiente específico ou conjunto de condições, talvez começando com adoração ou leitura da Bíblia, melhora sua meditação?

5. Insight Espiritual

A insight espiritual é a maior parte deste diário e o principal propósito para criá-lo. O objetivo desta seção é escrever o que você experimentou na meditação. Criamos um conjunto de instruções especificamente para esta seção para lembrá-lo de coisas que você pode ter experimentado durante sua meditação e aumentar sua consciência de todos os seus sentidos espirituais e físicos. Por favor, saiba que está tudo bem se você não viu nada, não sentiu nada ou não encontrou nada. Pode ser apenas uma reafirmação do conhecimento de que Deus te ama. Também está tudo bem se tudo o que você escrever for o que você imaginou em sua mente enquanto a meditação aconteceu ou se você viu a luz e depois a racionalizou - isso também está perfeitamente bem. Não há regras para isso. Este é o seu diário, seus sentidos e seus pensamentos. Se nada específico se destacou, este pode ser o espaço para refletir sobre as perguntas sugeridas no início de cada dia.

Nós, pessoalmente, descobrimos que, fazendo essas anotações pós-meditação com frequência, a coisa aparentemente pequena que chama a atenção periférica, como uma sensação de peso por trás de uma palavra específica, torna-se significativa em nosso crescimento com Deus e extremamente importante no desenvolvimento da nossa consciência. Ao simplesmente reconhecer o aparentemente insignificante, dá a esse sentido perceptivo a validação e a confiança que precisa para crescer. E significa que "isso é valioso o suficiente para chamar minha atenção".

Ao atribuir valor através da atenção a algo que de outra forma seria apenas um pensamento passageiro, esquecido não lembrado, marca-o com um ponto de exclamação. Esse ponto de exclamação metafórico nos força a prestar mais atenção a esse sentido perceptivo na próxima vez que receber informações, aumentando subsequentemente nossa consciência diária e sentidos espirituais/perceptivos.

Exemplos desta seção podem incluir:

- Sentido Físico (visão, audição, tato, paladar, olfato)
- Consciência corporal (formigamento nas mãos, mudanças no calor, lugares específicos do corpo estão conectados a coisas específicas, arquitetura neurológica)
- Sentidos da Alma (conhecimento do coração, intuição da mente, intuição)
- Padrões de comportamento, ferimentos,
- Sentidos Espirituais (letras hebraicas, angelicais, sonhos)

Uma lista completa de sugestões de discernimento espiritual está incluída no início de cada seção.

6. Manifestação

É realmente importante para nós dois que nossa meditação seja infundida em nossas vidas diárias. Que somos capazes de direcionar ou focar a energia ou essência que ganhamos de nossos momentos íntimos com Deus em algo que molda, muda ou cura o mundo. Um dos métodos que usamos para aumentar continuamente a consciência da presença de Deus em nossas vidas ao longo do dia é a visualização.

A dica para iniciar esta visualização é descrever o dia seguinte usando o tempo passado, para que pareça que já aconteceu. Então, em vez de eu gostaria de fazer 'x, y ou z'. você diria que hoje eu fiz 'x' e foi uma experiência incrível, pois aprofundou meu relacionamento com 'y' e criou uma sensação de intimidade.

Ao escrever sobre o dia seguinte usando a linguagem do passado, tente visualizar cada momento. Experimente e sinta cada sentimento e como você se sente no final do seu dia incrível. Tente envolver o máximo de seus sentidos possível durante este exercício.

A prática de visualizar ou projetar o dia é multifuncional. Obriga você a concretizar sua vontade, determinar suas prioridades e organizar seus pensamentos de tal forma que o dia em que você cria represente isso. Faz com que você exercite seu foco mental e o força a passar o tempo no lugar da criação; criando um dia e projetando-o de sua mente. Também ajuda a mudar o que você aprendeu ou experimentou na meditação de uma "informação interessante" para algo tangível que afeta sua vida diária. Você agora não é mais alguém que gera energia através da meditação, mas alguém que a direciona propositalmente. Se você decidir projetar seu dia criando espaço para a presença de Deus habitar, para que milagres ocorram e oportunidades inusitadas, isso fará com que sua consciência interna aumente sua capacidade de perceber Deus a cada momento e fará com que você se conscientize da habitação da presença de Deus em sua vida diária. Experimente e veja por si mesmo.

DATA & LUGAR: 15 de Novembro de 2021 perto de uma cachoeira (Oregon)

Há diferença entre Misericóridia e Compaixão?

Gratidão
Hoje estou celebrando A bondade da vida! A beleza da natureza e o poder dessas cachoeiras mas como é tão importante tirar um tempo para aproveitar o ciclo de descanso e produtividade. Permitir que o descanso e a beleza deste cenário alimentem minha alma. Cada cachoeira que Joseph e eu vimos nesta viagem é mais intrigante, mais detalhada e mais requintada do que a anterior. Como o profundo clama ao profundo no rugido de Tuas cachoeiras. É um privilégio experimentar a beleza deste mundo!

Autoconsciência
Hoje estou percebendo Uma espécie de retenção interna da minha respiração; como algo está sendo planejado ou planejado, algo dissimulado ou inesperado. Como se algo estivesse se formando que talvez tenha um sabor negativo. A única palavra que posso descrever é uma postura defensiva. Eu escaneei Joseph e minha vida e não parece conectado a nós; talvez seja algo que está se formando no cenário global. Precisarei me sentar com Deus em meditação e ver se há algo que Ele deseja de mim ou se isso é apenas uma consciência que Ele deseja que eu cultive. A Misericórdia é a fonte e a Compaixão são as correntes que fluem de misericórdia, mas talvez às vezes o ato do que é verdadeiramente misericordioso não pareça uma resposta compassiva? Preciso pensar mais sobre isso.

Meditação
Eu fiz com meu ritual de meditação matinal hoje ✓

Hoje foi uma longa meditação, mas foi boa. Senti que era importante mudar minha meditação para a luz e infundir a luz da Glória de Cristo em todos os aspectos. Eu fiz 4 aspectos para a meditação. Fiz alguns alongamentos com a respiração para liberar meus ombros e aumentar a capacidade pulmonar, depois apenas respiração, depois respiração nas narinas alternadas para expandir minha capacidade. Depois disso fiz uma visualização da luz com os 12 sistemas fisiológicos e então continuei com meu canto de 10 minutos, criei uma estrutura YHVH e comecei a focar toda a minha atenção na construção da luz. Depois que me senti saturada pela presença de Deus, comecei a mudar as estruturas em direção à luz e infundir cada parte do meu eu (local), família (regional) e global com luz. Nesse ponto, terminei minha meditação com uma reflexão tipo de meditação movendo-se para uma posição de olhar sem sombra para o rosto e refletindo de volta a glória que está sendo projetada pela face de Deus. O rosto pequeno que olha para o rosto grande e de volta.

Insight Espiritual
Durante a meditação de hoje eu, senti, vi, percebi, aprendi, experimentei ...

Hoje senti muita presença angelical durante a minha meditação especialmente durante a minha mediação com o rosto. Demorou um bom tempo para descer no lugar onde eu podia experimentar o brilho do rosto sem obscurecimento. Eu penso se eu não tivesse feito todo aquele trabalho de pré-relaxamento e saturação, eu teria lutado para acessar aquele lugar do rosto. Fiquei inicialmente surpresa com quanta compreensão, conhecimento, emoção, pensamento, desejo, intenção e atenção etc. foram expressos através da luz radiante. Acho que é aí que esse versículo que você teria o poder de compreender o amor de Cristo e conhecer esse amor que supera o conhecimento. O que estava contido dentro da luz era tão cheio e denso. Acho que preciso fazer uma pesquisa sobre o rosto pequeno ou curto (Zeir Anpin) e ver o que os outros experimentaram nessa arena. O lugar em que eu estava ao encontrar o pequeno rosto quase parecia a pedra fundamental, estava profundamente embutido nas profundezas. Havia alguma conexão entre o rosto e o angelical que entregava o esplendor de Sua glória à criação. Vou precisar rever isso em uma data posterior. Além disso, se houver um rosto, ele deve ser anexado a uma cabeça? O que está por trás do pequeno rosto de Deus? O que é isso que existe na mente desse rosto? O rosto pequeno é apenas um reflexo do rosto grande? Ou tem uma função específica?

Também senti quando estava fazendo o envolvimento da vitalidade com cada sistema fisiológico que havia muita atividade, bloqueio em 3 pontos específicos do meu corpo físico. Duas delas foram a interação entre minha alma emocional e meu corpo físico, reconheci as emoções presas, agradeci e honrei e abri cada ponto para receber o amor de Deus para que essa tensão pudesse ser liberada.

No entanto, o terceiro ponto parecia que não estava conectado a mim, mas novamente aquele sentimento global de que alguém estava mudando algo em uma escala maior. Movendo um portão global de algum tipo. Voltarei a esse ponto e o abrirei na presença de Deus durante a meditação de amanhã, mas na época convidei todos os anjos da sabedoria e o espírito de sabedoria e compreensão para me mostrar do que se tratava e por que está especificamente conectado a essa parte do meu corpo?

Manifestação
Escreva sobre o dia que você deseja ter no passado, como se já tivesse acontecido.

Hoje tive um dia extremamente produtivo. Consegui construir meus objetivos de longo prazo, enquanto desfrutava do deleite e do favor de Deus a cada passo. Passei uma hora lendo os últimos artigos de revistas clínicas sobre a mente, e Deus forneceu muitos flashes de como isso seria na prática, para onde os resultados de cada um desses avanços tecnológicos estavam se movendo. Comecei a entender uma imagem da medicina no futuro e a capacidade do cérebro humano. Além disso, passei um tempo na natureza, apenas me conectando com a beleza e me permitindo descansar na correria constante das cachoeiras. Tomei conhecimento da presença de 2 anjos específicos ligados a esta beleza e presenciei um fenômeno natural raro. Passei o resto do dia na companhia Joseph e Deus me mostrou uma nova maneira de celebrá-lo. Meu dia foi extremamente intencional e em cada uma das atividades me senti saturada pelo deleite e amor de Deus.

DATA & LUGAR: 21 de Janeiro de 2022

Como me motivar quando não tenho vontade de fazer nada?

Gratidão
Hoje estou celebrando   Visão, Provisão e Ação

Autoconsciência
Hoje estou percebendo   uma verdadeira falta de motivação, e seria por isso que eu estou comemorando. Enquanto eu celebro, eu me lembro da bondade de Deus onde eu rompi antes e quando eu me permito banhar nessa bondade motivação, excitação e alegria me ultrapassam.

Meditação
Eu fiz com meu ritual de meditação matinal hoje

A meditação de hoje foi curta, rápida, direta e usou quantidades extraordinárias de energia em uma direção. Fiz minhas declarações em voz alta entre cada camada e foi eficaz.

Insight Espiritual
Durante a meditação de hoje eu, senti, vi, percebi, aprendi, experimentei

Eu me vi entrando em novas áreas que estavam anteriormente fechadas e ideias imediatamente inundaram meus pensamentos sobre como realizá-lo de forma fácil e rápida.

Assim que a estrutura foi aparecendo, entrei nela e a construí de baixo para cima e depois abri para que pudesse começar a cruzar com as declarações e o que vem de cima. À medida que os nomes foram se fechando, as dimensões se abriram e os anjos foram liberados para irem realizar as declarações. As ideias que inundaram minha cabeça vieram do meu eu superior que estava de pé na minha frente, espelhando meus movimentos dentro da estrutura. Eu também estava ciente de vários anjos esperando por minha ordem para ir conforme as instruções.

Manifestação
Escreva sobre o dia que você deseja ter no passado, como se já tivesse acontecido.

Acordei esta manhã limpo e descansei com uma visão clara do que precisava acontecer. Primeiro, café. Então comecei a pesquisar as respostas que eu precisava. As respostas vieram claramente e eu puxei as cordas certas para fazê-las acontecer. Terminei às 3 e fui para o campo de golfe. Tive encontros fantásticos durante o curso, que trouxeram clareza e avanço para aqueles que estão ao meu redor e, em seguida, enviei uma mensagem para eles naquela noite para que eles soubessem que eu estava envolvido.

"Deus é quem me conduz e me eleva a esse estado. Eu não vou a ela sozinho, pois sozinho eu não saberia querer, desejar ou buscar. Estou agora continuamente neste estado. Além disso, muitas vezes Deus me eleva a esse estado sem necessidade, mesmo, do meu consentimento; pois quando eu espero ou espero menos, quando não estou pensando em nada, de repente minha alma é elevada por Deus e eu domino e compreendo o mundo inteiro. Parece, então, que não estou mais na terra, mas no céu, em Deus".

Santa Angela de Foligno

PRÁTICA PESSOAL E REGISTRO DE NOSSA AVENTURA

A prática do diário sempre me lembra a diferença entre um primeiro vislumbre e um olhar atento. O primeiro olhar do noivo para a noiva pode ser avassalador, uma onda de emoções e uma beleza ofuscante que brota em seu coração. Da mesma forma, aquele primeiro vislumbre de um nascer do sol parece quase brilhante e brilhante demais quando é visto por baixo de olhos sonolentos, mas é o segundo olhar, o olhar fixo que faz você desacelerar e absorver todos os detalhes, as cores pastel do perpétuo amanhecer, a beleza radiante do que é apresentado e ainda mais tarde, ao refletir sobre aquele momento, permite que você coloque essa memória em seu contexto maior para acessar seu significado. Ao optar por revisitar esse momento, isso lhe dá valor dentro do contexto maior de sua vida. Esta é a arte do diário e a beleza que deriva da reflexão.

O diário e a arte de refletir tomaram várias formas ao longo da minha vida. Minha decisão inicial de escrever um diário começou no ensino médio, quando não queria esquecer a beleza que experimentei em meu relacionamento com Deus. Foi uma prática de lembrança, que se transformou em uma prática de gratidão e expressão de amor a Deus. Na universidade a reflexão foi fundamental para desenvolver o raciocínio clínico e melhorar a forma, os métodos e a eficiência dos tratamentos para os pacientes. Com o tempo, evoluiu de apenas um método escrito para incorporar memórias de viagem, conversas impactantes e perguntas instigantes.

Como uma pessoa extremamente 'focada em resultados' impulsionada pela contribuição, sustentando a criação e o avanço da humanidade, o papel atual do diário é me ajudar a manter a fase "jornada sobre o destino", na vanguarda da minha mente para que eu não tropece sobre meus próprios pés enquanto me propulsiono em direção ao meu destino desejado. É um lembrete constante para eu aproveitar a aventura da vida, sonhar expansivamente enquanto respiro fundo para que a realidade atual se torne igualmente prazerosa e satisfatória. O diário é uma das maneiras que me ajuda a intensificar meu deleite no caminho luminoso também chamado de jornada.

Em meu relacionamento com Joseph, a reflexão e a atenção às coisas que poderiam ter sido consideradas aparentemente sem importância nos forneceram peças críticas do quebra-cabeça e uma visão oportuna. Ambos reservamos tempo para compartilhar e contemplar sonhos, experiências e encontros. Por meio de perguntas cuidadosamente construídas, usamos a arte da reflexão verbal para crescer em nosso relacionamento com Deus e um com o outro, e passamos a confiar cada vez mais nas perguntas do outro, como forma de acessar camadas mais profundas de mistério, que talvez não tivessem sido descobertas se descartadas sem qualquer atenção focada nelas.

É nossa maior esperança que este diário crie dentro de você uma intencionalidade que faça com que seus sentidos fiquem sintonizados, alertas e atentos tanto ao seu espírito quanto à sua alma, para que as profundezas ocultas da beleza e do deleite que estão na jornada se tornem conhecidas para você.

PARTE 1:
A ALMA RADIANTE ILUMINADA

O esplendor da alma mística está além da descrição e da imaginação. Poucos sequer abordaram o tópico da essência ondulante e glorificada que flui perfeitamente para cima e para baixo em sua magnificência interconectada. Quem é digno de sequer começar a descrever a perfeição que desceu do alto? Quem conhece o desenho perfeito do intelecto e sua trama com a divindade? Como pode ser que, mesmo considerando essas coisas, seja necessário perceber que elas não sabem nada, mas não podem viver mais um dia sem saber tudo o que se pretendia saber? Como disse um famoso rabino: "Ele é o conhecimento, o conhecedor e o conhecido". Contemplar esses mistérios é privilégio e sofrimento, pois o fim de um assunto é o começo de outro. A beleza da divindade refletida na alma pode nunca ser totalmente percebida, mas não há busca mais nobre do que se apaixonar pelo processo. Esta é a jornada em que estamos e esta é a jornada que apresentamos a você; descobrir a beleza escondida dentro e se apaixonar pelo Pai da Luz, por Jesus Cristo e pela Pessoa do Espírito Santo através da descoberta de como você foi formado e moldado em sua mente desde a Eternidade.

APRENDENDO A ESCREVER DECLARAÇÕES EU SOU

O que é uma "declaração Eu sou"?

Uma declaração "Eu sou" é semelhante a uma afirmação, mas está ligada à nossa identidade que está enraizada em Cristo e continua a declarar as ações subsequentes que tomamos como resultado de nossa identidade em Cristo. Uma declaração "Eu sou" é extremamente poderosa, pois o reino espiritual responde a quem você é, e não ao que você faz. O mundo nos ensinou que o que produzimos é de suma importância, mas isso não é verdade. Quem somos, por causa de quem Cristo é (somos justificados porque Ele é justo), é o que o mundo espiritual reconhece.

3 componentes das declarações "Eu sou"

Para maior clareza, vamos expandir ainda mais esse conceito. Existem três componentes principais nas declarações Eu Sou

    a.) Nossa conexão com o Grande Eu Sou.

Começamos com o nome de Deus "Eu Sou" e o aplicamos da maneira que Jesus demonstrou no livro de João. Quando consideramos as palavras "Ehyeh Asher Ehyeh" na forma mais simplista, temos duas definições básicas e uma aplicação útil para nossos propósitos. Em primeiro lugar, significa: eu sou o que sou. Em segundo lugar, significa: serei o que serei. Nossa aplicação básica desta definição é que "eu já sou o que me tornarei". É uma declaração sobre o futuro e o passado contido no presente. É uma identidade que retira o tempo da equação para que o que se mostra no presente seja a expressão da provisão necessária para aquela ocasião específica.

Com essa definição em mente, podemos começar em João capítulo 6 e percorrer todo o livro de João observando como Jesus moldou o que demonstrou e demonstrou o que moldou por meio de declarações de "identidade".

- "Eu sou o pão da vida"
- "Eu sou o caminho, a verdade e a vida"
- "Eu sou a luz do mundo"
- "Eu sou a ressurreição"
- "Eu sou a porta"
- "Eu sou o bom pastor"

Quando Jesus elaborou sua declaração de identidade, sempre tinha a ver com o que ele estava demonstrando, fazendo ou se tornando na época. Jesus tornou-se a personificação de Suas declarações de identidade para realizar os milagres que realizou. Ele se tornou a provisão necessária naquela circunstância específica.

b.) A ação ou disposição que decorre da identidade

Continuando a observar as declarações de Jesus, fica evidente que o "Eu sou" foi apenas a primeira parte da declaração. A segunda parte era sempre um ato de acompanhamento ou qualificador do que o "eu sou" faz. "Eu sou o caminho, a verdade e a vida", é a declaração de identidade. O que o "Eu sou" faz? Neste caso é "ninguém vem ao pai senão por mim". Vamos observar outro: "Eu sou o pão da vida". O que o "Eu sou" faz neste caso? "Aquele que vem a mim nunca terá fome e quem crê em mim nunca terá sede". Jesus disse isso logo depois de realizar um grande milagre relacionado à comida. Você pode traçar quase todos os milagres que Jesus fez no livro de João a uma declaração de identidade onde ele pronunciou quem 'Ele' era e então demonstrou o que o 'quem Eu sou' faz. Ele se tornou a personificação da ressurreição para ressuscitar Lázaro dos mortos.

c.) Solidificando nossa identidade em Cristo

A identidade é primordial para a direção em que estamos nos movendo como corpo. É a plataforma que usamos para nos lançar em reinos mais elevados de nosso destino e expandir nossa influência como filhos. Ele estrutura o ambiente ao nosso redor para garantir que possamos operar como Deus deseja e como desejamos. Ela molda o mundo espiritual ao nosso redor e veste nossa ajuda angélica com roupas adequadas para alguém em nossa posição. Há muito a ser dito aqui, mas por enquanto nós o encorajamos a começar a explorar a possibilidade do que Deus providenciou. Vou deixá-lo com alguns exemplos à medida que continuamos e encorajá-lo a criar o seu próprio:

Eu sou	Isso significa que
Eu sou Amor	O amor escorre por todos os poros do meu ser e eu o uso para ajudar a levar adiante o destino dos outros
Eu sou Sabedoria	Encontro-me com ela diariamente e negócios globais bem-sucedidos escorrem de meus dedos como mel
Eu sou conhecimento	Eu sou plenamente conhecedor dos mistérios do céu
Eu sou um rei	Eu falo e acontece

Exemplos de declarações de identidade

Não há limite para as arenas nas quais as declarações de identidade podem ser feitas: pessoal, familiar, profissional etc. revelação para você, para que sua plataforma de lançamento de identidade possa crescer e seu relacionamento com nosso Pai Amoroso possa se aprofundar.

SUGESTÕES DE INSIGHT ESPIRITUAL

1. Insight, Intuição e Revelação
- Que revelação obtive com a meditação?
- Que novo entendimento recebi?
- Senti que o que aprendi foi uma nova compreensão ou uma lembrança?
- Que pensamentos criativos ou inspirados tive durante minha meditação?
- Que sabedoria ou entendimento ganhei através da minha meditação?
- Como minha perspectiva sobre uma situação mudou através da minha meditação?
- Como resultado da minha meditação, senti que estava sendo induzido ou gentilmente movido a mudar ou mudar algo em resposta ao amor de Deus? Eu ganhei uma visão de algo dentro de mim que precisava mudar, crescer, ser descartado ou desenvolvido?
- Havia algo específico que eu identifiquei durante minha meditação que eu gostaria de ter tempo para aprofundar em um estágio posterior?

2. Percepção
- Em algum momento durante a meditação tive uma sensação de peso ligada a uma palavra específica, oração, versículo da Bíblia ou pensamento?
- Quando eu disse os nomes de Deus, invoquei o sangue de Jesus ou me conectei com o Espírito Santo, senti o peso de Deus por trás da minha meditação?
- Durante minha meditação, tive a impressão ou percepção de algo fora de mim? Talvez uma sensação de algo na atmosfera? Talvez uma sensação de algo em nível global?
- Quando medito, consigo perceber os outros na atmosfera? Posso perceber o impacto da Igreja? A sensação é a mesma todos os dias da semana? Alguns dias na minha área parecem diferentes? Se houver várias frequências, posso separá-las e determinar a frequência mais forte, a mais fraca? Qual deles puxa para mim? Qual deles afasta?

3. Visão Espiritual
- Onde está Jesus no meio da minha meditação?
- Como o Espírito Santo está presente em minha meditação?
- Eu vi anjos ou seres, pessoas da Nuvem de Testemunhas, aspectos do Espírito Santo ou talvez um aspecto da criação antes da queda? Uma memória contida na chama de Deus?
- Você envolveu qualquer pessoa da Nuvem de Testemunhas, rabinos, sacerdotes, místicos de antigamente; dignitários, reis ou nobres; ou pessoas específicas de sua própria genealogia?
- Você encontrou alguma civilização ou cidade antiga, alguma cultura original ou alguma viva?

Sentido de Movimento
- Durante minha meditação, vi alguma luz piscando? Havia alguma cor? Existe algum aspecto específico da meditação ao qual essas luzes estão associadas?
- Eu vi um flash de alguma imagem específica mantida no espaço?
- Sou capaz de reativar qualquer coisa que vi mais tarde?
- Existe algo que sempre vejo na meditação que considero normal?
- Vi algo incomum na meditação que não entendo, mas preciso descrever?
- Onde está a área cinzenta ou área que você não pode ver? Posso me concentrar nele e ir além do desconhecido e do invisível?

4. Sensações
- Durante minha meditação percebi movimento? Senti algo passando por mim? Entrando na sala ou saindo da sala? Girando, circulando, espiralando movimento?
- Quando medito em coisas além de mim, há uma área (espiritual, global, nacional) em que percebo movimento?
- Houve um sentimento predominante durante a meditação? Esse sentimento vem de mim e das coisas que estão acontecendo na minha vida? A atmosfera ao meu redor ou algo externo (talvez outra pessoa projetando seus sentimentos, o Espírito Santo trazendo uma sensação de paz e conforto?)
- Durante a meditação houve algo específico que me fez sentir mais tranquilo e relaxado? Seguro?
- Em algum momento da minha meditação, conectei-me com o intenso deleite de Deus? O que era em relação? Estou ciente dos sentimentos de Deus? Prazer? Alegria exuberante? Compaixão? Gentileza?
- Quando medito nos nomes de Deus, eles provocam um sentimento específico? Quando encontro um anjo, ser ou membro da Nuvem de Testemunhas ou uma letra de luz específica, experimento um sentimento específico?
- Quando sinto algo, posso voltar meu coração para isso e ver o que é ou o que está causando esse sentimento?
- Como me senti antes de meditar e como me senti depois de meditar? Houve alguma mudança? Quanto tempo dura essa sensação depois que a meditação termina? Ele se dissipa imediatamente? Levo ao longo do dia? Posso voltar e acessar esse sentimento se precisar de refrigério e lembrança?

5. Auditivo
- Posso ouvir sons quando medito? Inaudível ou audível? Música ou vozes?
- Os Salmos muitas vezes falam sobre o som associado a fenômenos naturais como as águas impetuosas, o vento forte, o fogo crepitante? A terra em que estou pisando tem som? Alguma vez ouço som associado a trovões ou outros fenômenos naturais?
- Alguma vez ouço som associado ao movimento? Estalar, chiar?

- Existe um aspecto específico da meditação ou posição/lugar que envolvo que esteja conectado a um som específico? Esse som está ligado à cura? O trono? Anjos cantando? A música das esferas está presente?
- A frequência que estou ouvindo está em um ponto específico ou permeia a atmosfera?
- Posso determinar de qual direção os sons estão vindo? Só vejo e ouço o que está na minha frente?
- O que aumenta o som? O que diminui o som? Se você se inclinar para o seu coração, isso aumenta o som ou o som das águas do seu coração turva o som que você está ouvindo?
- Existem sons associados a outras pessoas? Amigos, família, entes queridos?
- E a música ligada a culturas antigas? Eu já encontrei esses sons? Ou música associada a diferentes localizações geográficas?

6. *Olfativo e Sabor*
- Quando medito, sinto alguma fragrância em algum ponto da minha meditação? É doce? É frutado? É tipo planta? É florido? É mais antigo como livros velhos e empoeirados? É medicinal como o eucalipto? É amadeirado como abeto ou cedro? Ou como um mosteiro, como o incenso?
- Quando ocorrem as fragrâncias em minha meditação? Muitas vezes, durante momentos de gratidão silenciosa, as pessoas relataram olfato apurado? Isso ocorreu para você?
- Na minha vida diária eu já experimentei ou encontrei uma fragrância? Isso combina ou complementa as fragrâncias que encontro em minha meditação?
- Alguma vez senti um gosto doce ou amargo durante a meditação?

7. *Físico*
- Onde em meu corpo estou sentindo a presença de Deus? Eu estava ciente de qualquer parte do meu corpo físico? Talvez meu coração? Minha coluna? Meus joelhos?
- Senti uma sensação de calor, aumento de energia ou formigamento em algum momento durante a meditação? O que eu estava engajado naquele momento?
- Diferente do calor energético, talvez eu senti um ar frio ou uma brisa? Um movimento líquido aquoso ou uma sensação de calor ardente?
- Qual é a minha postura de meditação preferida? Sentado, deitado em pé? Há alguma diferença quando cruzo as pernas e os braços? Existe alguma diferença quando medito com as mãos voltadas para cima? Há alguma diferença quando coloco a mão no coração?
- Estou ciente da energia que flui pelo meu corpo? Durante minha meditação, eu estava ciente de quaisquer bloqueios no fluxo de energia? Durante minha meditação, eu estava ciente da minha respiração passando facilmente por todo o meu corpo?

- Posso mudar o local de onde respiro? Isso muda o que sou capaz de perceber ou o tipo de coisas que estou percebendo?
- Às vezes, os sentimentos são refletidos como cores no nível do corpo quando a emoção é armazenada em uma parte específica do corpo. Quando medito, conecto sentimentos e cores? Vejo cores específicas residindo em partes específicas do meu corpo? Posso mudar as cores ou intensificar as cores que residem em diferentes partes do meu corpo?
- Estou ciente de lugares em meu corpo físico que funcionam como portões espirituais? Estou ciente desses portões? Eu sinto quando esses portões estão selados? Eles estão ligados a Deus? Outras pessoas?

Autoconsciência e Conexão
- Durante minha meditação senti um fortalecimento da minha conexão com Deus, com a vida de Cristo e a esperança de Cristo dentro de mim? Se eu fiz a comunhão durante a meditação, experimentei uma sensação de conexão com a profundidade do amor de Cristo contido no sangue de Jesus e a voz do sangue de Jesus que fala por nós?
- Eu experimentei uma conexão com a sabedoria de Deus ou o entendimento, a misericórdia ou a força de Deus? Um aumento da sensação de confiança e força interior resultante da minha conexão com Cristo? (Posso todas as coisas em Cristo que me fortalece).
- Na minha meditação senti um aumento, construção ou aumento de amor, vida e luz de Deus crescendo dentro de mim e se expandindo para fora? Eu me senti revigorado através da minha meditação?
- Minha meditação aumentou minha consciência da beleza única que trago para a criação? Um aspecto específico de mim mesmo ou da minha identidade? Estabeleceu algo específico em minha vida?
- Minha meditação aumentou minha consciência de minha própria voz e som dentro da criação?

Seguindo em frente
- Como honro o que vi, ouvi, cheirei, provei, senti ou percebi durante minha meditação? Eu descarto isso como fantasia e jogo fora? Eu o trago a Jesus e permito que seja mantido em um lugar de amor e conexão?
- Que aspectos da minha meditação preciso revisitar? Levar comigo para a próxima meditação? Pode ser uma técnica de meditação específica que suscitou um insight ou pode ser um insight que precisa ser focado para levá-lo adiante.

CRIAÇÃO SINGULAR E EXTRAORDINÁRIA

Você é o ser mais singular e extraordinário da criação. Sem igual, você é o pináculo da obra de Deus. A criação suprema do criador onipotente nascido nas profundezas de sua mente, levando toda a atenção de seu coração. Esse Pai amoroso e Seu filho Jesus Cristo estabeleceram não apenas um precedente para identificar a si mesmo, mas também um padrão e um exemplo. Quando a pergunta "Quem é você?" inevitavelmente vem, há apenas uma resposta. Eu sou. Para fins de ilustração, e para que fique em sua mente, o acompanhamento é "O que você é?" A resposta a essa pergunta não é apenas a ação da identidade, mas as linhas divisórias pelas quais sua vida será guiada.

Com quem Jesus se identifica em Suas declarações? Quem é Você? O que a Bíblia diz sobre você e o que você faz com ela? Esta semana, o tema que gostaríamos de apresentar como parte de sua meditação é este: "Você é uma criação singular e extraordinária". Sou único e primoroso, novas dimensões do Amor de Deus constantemente me são reveladas.

Fornecemos a parte "Eu sou" para esta semana, você preenche o resto. Que direção você quer que sua vida tome? Em quais aspectos de Deus você quer crescer? Onde você quer ir em seu próprio lugar secreto com Deus? Essas declarações se tornam as chaves que abrem a porta para a intimidade sonhada, mas raramente conquistada. Sua identidade se tornará a plataforma da qual você se lançará para alcançar as profundezas de Deus. A maioria das pessoas quer isso, mas poucas sabem ou estão dispostas a pagar o preço para crescer nessa direção. Que sua mente seja explodida e sua mão esteja pronta para escrever.

Declaração de Identidade

Eu sou...

que realiza (ação associada)

DIA	FOCO	PLANO DE MEDITAÇÃO
DOMINGO		
SEGUNDA		
TERÇA		
QUARTA		
QUINTA		
SEXTA		
SÁBADO		

Anotações

DATA & LUGAR:

Quando foi a última vez me apresentei na plenitude de quem eu sou? Como foi? Qual foi a sensação? O que me motivou a me apresentar assim?

Gratidão
Hoje estou celebrando

Autoconsciência
Hoje estou percebendo

Meditação [S] [N]
Fiz a minha prática de meditação hoje

Insight Espiritual
Durante a meditação de hoje eu senti, vi, percebi, aprendi, experimentei...

SEMANA 1

Manifestação
Escreva sobre o dia que deseja ter no passado, como se já tivesse acontecido.

Espaço de esboço

DATA & LUGAR:

Quem é o tipo de pessoa que poderia obter os resultados ou coisas que desejo em minha vida? Como é essa pessoa? O que seus hábitos diários implicam? Quais traços de caráter, rotinas ou atividades eu preciso desenvolver para me tornar o tipo de pessoa que alcança os resultados que desejo?

Gratidão
Hoje estou celebrando

Autoconsciência
Hoje estou percebendo

Meditação S N
Fiz a minha prática de meditação hoje

Insight Espiritual
Durante a meditação de hoje eu senti, vi, percebi, aprendi, experimentei...

SEMANA 1

Manifestação
Escreva sobre o dia que deseja ter no passado, como se já tivesse acontecido.

Espaço de esboço

DATA & LUGAR:

Qual é um aspecto ultrajante ou ousado da minha identidade que desejo reivindicar ou desenvolver? Vá fundo, isso pode resultar de um desejo ou sonho que tenho muito medo de expressar?

Gratidão
Hoje estou celebrando

Autoconsciência
Hoje estou percebendo

Meditação   S N
Fiz a minha prática de meditação hoje

Insight Espiritual
Durante a meditação de hoje eu senti, vi, percebi, aprendi, experimentei...

SEMANA 1

Manifestação
Escreva sobre o dia que deseja ter no passado, como se já tivesse acontecido.

Espaço de esboço

DATA & LUGAR:

O ambiente ao nosso redor muitas vezes se torna um espelho das crenças, pensamentos e sentimentos que projetamos de nosso mundo interior. Existem crenças sobre minha identidade que posso identificar que estão sendo refletidas de volta para mim a partir de minha situação/vida/ambiente atual?

Gratidão
Hoje estou celebrando

Autoconsciência
Hoje estou percebendo

Meditação [S] [N]
Fiz a minha prática de meditação hoje

Insight Espiritual
Durante a meditação de hoje eu senti, vi, percebi, aprendi, experimentei...

SEMANA 1

Manifestação
Escreva sobre o dia que deseja ter no passado, como se já tivesse acontecido.

Espaço de esboço

DATA & LUGAR:

Incorporar minha verdadeira identidade leva tempo e trabalho. Quais são algumas das práticas que atualmente faço ou quero fazer que me ajudam a abraçar meu eu central? Isso pode ser mentalmente (visualização/leitura), espiritualmente (declarações/meditação), emocional e fisicamente.

Gratidão
Hoje estou celebrando

Autoconsciência
Hoje estou percebendo

Meditação [S] [N]
Fiz a minha prática de meditação hoje

Insight Espiritual
Durante a meditação de hoje eu senti, vi, percebi, aprendi, experimentei...

Manifestação
Escreva sobre o dia que deseja ter no passado, como se já tivesse acontecido.

Espaço de esboço

DATA & LUGAR:

Como honro a criação única que sou, a identidade que se forja dentro de mim, a pessoa que sou? (Isso pode ser ações como estabelecer limites, pode ser nutrir um aspecto específico de si mesmo?)

Gratidão
Hoje estou celebrando

Autoconsciência
Hoje estou percebendo

Meditação [S] [N]
Fiz a minha prática de meditação hoje

Insight Espiritual
Durante a meditação de hoje eu senti, vi, percebi, aprendi, experimentei...

SEMANA 1

Manifestação
Escreva sobre o dia que deseja ter no passado, como se já tivesse acontecido.

Espaço de esboço

DATA & LUGAR:

Que crenças sobre mim mesmo preciso atualizar para ser quem desejo ser? Posso criar uma declaração "eu sou" para solidificar minha nova crença formada? Como esses novos aspectos da identidade informam minhas ações?

Gratidão
Hoje estou celebrando

Autoconsciência
Hoje estou percebendo

Meditação [S] [N]
Fiz a minha prática de meditação hoje

Insight Espiritual
Durante a meditação de hoje eu senti, vi, percebi, aprendi, experimentei...

Manifestação
Escreva sobre o dia que deseja ter no passado, como se já tivesse acontecido.

Espaço de esboço

A ALMA DO HOMEM QUEIMA PELA CHAMA DE DEUS

Você está incrivelmente interconectado com a Divindade. Tanto que é "impossível escapar do Seu amor". Situado perfeitamente na parte de trás da sua cabeça, está a sede do seu espírito. Oculto neste espaço sagrado está o mistério do envolvimento entre você e Cristo. É o lugar onde seu espírito e o espírito Dele se tornaram um só espírito e também o lugar onde sua mente (intelecto) e a Dele se conectam. Esta chama Yechida é a "luz que brilha" e a "Vela do Senhor". É esta luz que faz com que as energias radiantes da alma explodam como cores brilhantes de tinta, criando um brilho quase poético e inspirador para uma existência de outra forma vazia. Evocando os sentidos e empurrando-os para além da aparência externa das interações mundanas diárias do homem, transmutando-os em dispositivos de percepção receptivos capazes de alcançar a essência do que está por baixo, a beleza oculta.

É a alma do homem, salva por Cristo, valorizada por Deus como um tesouro precioso que se satura e goteja com a luz luminosa de Cristo, vivificada pela chama de Deus. É a mente desse homem da nova criação que se torna brilhante em sua capacidade de infundir em suas criações e inovações a capacidade de produzir vida. Cada pensamento e semente que é plantado da cidade da mente infundida de luz torna-se um farol na colina da criação, fazendo com que aqueles que passam experimentem os raios brilhantes da esperança. Cristo em nós a esperança da glória (Cl 1:27). O bom samaritano da inovação, ciência, engenharia e gênio pensativo que direciona a compaixão e o amor de Deus para toda a humanidade. Tal é o intelecto saturado da alma.

Agora a chama iluminadora se move além da mente iluminada para as águas radiantes do coração do amado de Deus e começa a refletir como um diamante; todo o espectro de cores do arco-íris. Este é o lugar onde as sementes da mente são plantadas e ligadas com a pureza da intenção do coração. Este é o lugar onde os desejos do coração e os pensamentos da mente se unem. Quando essas sementes de vida são envoltas em luz de tal forma que as emoções da alma dançam sobre as águas radiantes, deslumbrando o mundano e adicionando uma qualidade reflexiva ao corpo. A alma elevada que abraça o movimento da luz e a dança da luz produz uma gama de luz que penetra no ser interior do próprio Deus e não tem igual imaginável. As fragrâncias da eternidade nascidas do coração do homem são lançadas no domínio do Sagrado.

A semente se move da mente iluminada para as águas radiantes do coração do amado de Deus e reflete como um diamante todo o espectro de cores do arco-íris. Este é o lugar onde as sementes são unidas com a pureza da intenção do coração e das emoções que deslumbram o mundano e adicionam qualidade reflexiva ao corpo. Você não é apenas outro místico; você é o desejo envolto da divindade.

Esta semana a meditação é simples. Estamos celebrando a bela alma radiante do homem infundida pela chama de Deus.

Declaração de Identidade

Eu sou...

_____
_____

que realiza (ação associada)

_____
_____

PLANO DE MEDITAÇÃO

DIA	FOCO	PLANO DE MEDITAÇÃO
DOMINGO		
SEGUNDA		
TERÇA		
QUARTA		
QUINTA		
SEXTA		
SÁBADO		

Anotações

_____
_____
_____

DATA & LUGAR:

Enquanto perscrutando o mistério de sua interconexão e entrelaçamento com Cristo, contemplando a não separação do amor de Deus (Romanos 8), olhando para a chama do amor da qual meu espírito foi cortado, considere o que está disponível nesta chama? Qual é a esperança da glória?

Gratidão
Hoje estou celebrando

Autoconsciência
Hoje estou percebendo

Meditação [S] [N]
Fiz a minha prática de meditação hoje

Insight Espiritual
Durante a meditação de hoje eu senti, vi, percebi, aprendi, experimentei...

SEMANA 2

Manifestação
Escreva sobre o dia que deseja ter no passado, como se já tivesse acontecido.

Espaço de esboço

DATA & LUGAR:

Imagine que eu sou um carvalho de justiça em uma vasta extensão. Um fogo desce do céu, começando na parte de trás da minha cabeça, o galho mais alto descendo por toda a árvore até que toda a árvore seja incendiada pelo fogo de Deus. O que significa para mim pessoalmente ser incendiado, exalando vida e luz radiante por todos os poros do meu ser?

Gratidão
Hoje estou celebrando

Autoconsciência
Hoje estou percebendo

Meditação [S] [N]
Fiz a minha prática de meditação hoje

Insight Espiritual
Durante a meditação de hoje eu senti, vi, percebi, aprendi, experimentei...

Manifestação
Escreva sobre o dia que deseja ter no passado, como se já tivesse acontecido.

Espaço de esboço

DATA & LUGAR:

O que significa ser uma nova criação, algo completamente diferente do que foi feito antes? Não uma versão atualizada, mas um homem que compreende não apenas corpo e alma - mas corpo, alma e espírito? O que significa "o velho se foi, o novo chegou" para todos os aspectos da minha vida? Que padrões de comportamento, pensamento e crenças mudam ao aceitar minha identidade como um novo homem, inseparável do amor de Deus?

Gratidão
Hoje estou celebrando

Autoconsciência
Hoje estou percebendo

Meditação [S] [N]
Fiz a minha prática de meditação hoje

Insight Espiritual
Durante a meditação de hoje eu senti, vi, percebi, aprendi, experimentei...

Manifestação
Escreva sobre o dia que deseja ter no passado, como se já tivesse acontecido.

Espaço de esboço

DATA & LUGAR:

A alma é composta por 5 aspectos. O que isso significa para meus componentes de 'mente' e 'coração' da minha alma serem saturados e incendiados pela riqueza abundante e plena da vida de Cristo e da chama de Deus?

Gratidão
Hoje estou celebrando

Autoconsciência
Hoje estou percebendo

Meditação S N
Fiz a minha prática de meditação hoje

Insight Espiritual
Durante a meditação de hoje eu senti, vi, percebi, aprendi, experimentei...

Manifestação
Escreva sobre o dia que deseja ter no passado, como se já tivesse acontecido.

Espaço de esboço

DATA & LUGAR:

O que isso significa para os componentes 'intuitivos', 'físicos/instintivos' e 'criativos/sexuais/produtivos' da minha alma serem saturados pela riqueza abundante e plena da vida de Cristo e incendiados pela chama de Deus?

Gratidão
Hoje estou celebrando

Autoconsciência
Hoje estou percebendo

Meditação [S] [N]
Fiz a minha prática de meditação hoje

Insight Espiritual
Durante a meditação de hoje eu senti, vi, percebi, aprendi, experimentei...

SEMANA 2

Manifestação
Escreva sobre o dia que deseja ter no passado, como se já tivesse acontecido.

Espaço de esboço

DATA & LUGAR:

Considere a frase "desejo envolto da divindade?" O que isso significa para mim pessoalmente ser o desejo envolto da divindade? Qual é a sensação? Alguma parte se sente resistente a esse tipo de amor? Que resposta isso evoca em mim? O conhecimento desse tipo de amor afeta minha identidade atual?

Gratidão
Hoje estou celebrando

Autoconsciência
Hoje estou percebendo

Meditação [S] [N]
Fiz a minha prática de meditação hoje

Insight Espiritual
Durante a meditação de hoje eu senti, vi, percebi, aprendi, experimentei...

SEMANA 2

Manifestação
Escreva sobre o dia que deseja ter no passado, como se já tivesse acontecido.

Espaço de esboço

DATA & LUGAR:

Depois de passar uma semana contemplando o mistério do entrelaçamento divino entre mim e Cristo, refletindo sobre cada aspecto da minha alma e olhando para a profundidade do amor que constantemente infunde meu ser, que resposta isso evoca em relação a Deus? Que ação, que sentimentos ou desejos essa compreensão do amor desperta em mim?

Gratidão
Hoje estou celebrando

Autoconsciência
Hoje estou percebendo

Meditação ☐S ☐N
Fiz a minha prática de meditação hoje

Insight Espiritual
Durante a meditação de hoje eu senti, vi, percebi, aprendi, experimentei...

Manifestação
Escreva sobre o dia que deseja ter no passado, como se já tivesse acontecido.

Espaço de esboço

HARMONIZANDO MEU MUNDO INTERIOR PARA EXPANDIR MINHA ESSÊNCIA E AUMENTAR MEU IMPACTO

Os sistemas de energia de sua alma são os implementos de manifestação dentro da criação especificamente destinados a você. Cada indivíduo tem uma mistura diferente, dependendo de sua vontade, ambiente e uma série de outras condições e escolhas. Cada pessoa na face da Terra pode escolher como as energias se movem juntas e quais estão no controle.

A meditação é uma ferramenta fantástica para começar a harmonizar as energias da alma e irá ajudá-lo muito não apenas a entender a si mesmo de uma forma mais completa, mas também a começar a mudar a atmosfera ao seu redor.

A harmonia da sua alma é a chave para muitas áreas da sua vida. Esse aspecto pode ser profundamente espiritual ou nada espiritual. Por exemplo, um dos maiores presentes da energia da alma harmonizada é a felicidade geral. As pessoas que aprenderam a equilibrar a energia ou que são naturalmente vocacionadas para uma energia mais equilibrada têm, de um modo geral, uma vida mais feliz. Mesmo em meio a dificuldades, não há altos ou baixos graves, raiva ou depressão, impropriedade sexual ou erros comumente associados a tempos difíceis. Ter uma energia harmonizada leva a uma tomada de decisão melhor e mais eficaz e também oferece uma plataforma para o indivíduo se mover em várias direções.

A maioria das pessoas que realizam muito em suas vidas não são pessoas "equilibradas". Eles geralmente são exceções a todas as regras e se movem em direções extremas com frequência. Isso leva a todos os tipos de descobertas e a todos os tipos de problemas ao mesmo tempo. Estar harmonizado na energia de sua alma permite que você comece e retorne ao lugar equilibrado. Não é para dizer que você está equilibrado em todos os momentos. Dito com mais precisão, aquele que pode harmonizar a energia de sua alma de forma eficaz também pode entrar e sair de extremos de forma eficaz, dependendo da situação e da necessidade.

O aspecto mais importante da harmonização da energia para a alma é a vontade. A sua vontade é o leme do seu barco espiritual, é a chave que acompanha o amor e através da paixão e do desejo abre o seu destino. Claire e eu passamos muito tempo exercitando nossa vontade sobre as energias de nossa alma. É uma disciplina que o livro de Gálatas chama de "autocontrole". O domínio desse aspecto de sua vida crescerá perpetuamente em um impacto maior dentro de sua esfera de influência.

This week the meditation is simple. We are celebrating the beautiful radiant soul of man infused by the flame of God.

Declaração de Identidade

Eu sou...

que realiza (ação associada)

DIA	FOCO	PLANO DE MEDITAÇÃO
DOMINGO		
SEGUNDA		
TERÇA		
QUARTA		
QUINTA		
SEXTA		
SÁBADO		

Anotações

DATA & LUGAR:

Como é a essência de quem você é? O que ele produz? O que faz a essência da sua alma se expandir ou ser sentida com mais força? O que a faz encolher e se tornar menos impactante?

Gratidão
Hoje estou celebrando

Autoconsciência
Hoje estou percebendo

Meditação [S] [N]
Fiz a minha prática de meditação hoje

Insight Espiritual
Durante a meditação de hoje eu senti, vi, percebi, aprendi, experimentei...

Manifestação
Escreva sobre o dia que deseja ter no passado, como se já tivesse acontecido.

Espaço de esboço

DATA & LUGAR:

A essência da alma é aquela que existe sob todas as camadas de preferência e preconceito que foram colocadas sobre ela. Como as coisas que chamei de interesses, gostos e desgostos, personalidade etc. obscurecem a essência da minha alma? Minhas declarações de identidade estão enraizadas em minha personalidade ou estão enraizadas na essência central de quem eu sou?

Gratidão
Hoje estou celebrando

Autoconsciência
Hoje estou percebendo

Meditação ⬚S ⬚N
Fiz a minha prática de meditação hoje

Insight Espiritual
Durante a meditação de hoje eu senti, vi, percebi, aprendi, experimentei...

SEMANA 3

Manifestação
Escreva sobre o dia que deseja ter no passado, como se já tivesse acontecido.

Espaço de esboço

DATA & LUGAR:

Considerando os 5 aspectos da alma que compõem a minha essência (intelectual, intuição, emocional, físico ou sexual/criativo) qual é o aspecto mais predominante da minha alma? Qual aspecto eu uso para modular outros aspectos? (Por exemplo, correr quando me sinto emocional seria usar o aspecto físico para modular o componente emocional.)

Gratidão
Hoje estou celebrando

Autoconsciência
Hoje estou percebendo

Meditação [S][N]
Fiz a minha prática de meditação hoje

Insight Espiritual
Durante a meditação de hoje eu senti, vi, percebi, aprendi, experimentei...

SEMANA 3

Manifestação
Escreva sobre o dia que deseja ter no passado, como se já tivesse acontecido.

Espaço de esboço

DATA & LUGAR:

Como posso cultivar e crescer ou amadurecer minha alma? É algo que busco ativamente ou é algo impulsionado por circunstâncias externas? Que conjunto de "regras" ou condições determinam se vou suportar algo para beneficiar minha alma ou usar técnicas espirituais para removê-lo de minha vida?

Gratidão
Hoje estou celebrando

Autoconsciência
Hoje estou percebendo

Meditação [S] [N]
Fiz a minha prática de meditação hoje

Insight Espiritual
Durante a meditação de hoje eu senti, vi, percebi, aprendi, experimentei...

Manifestação
Escreva sobre o dia que deseja ter no passado, como se já tivesse acontecido.

Espaço de esboço

DATA & LUGAR:

Percebo lampejos de percepção em minha mente que recebo de Deus? Eu esqueço a maior parte do meu insight? Minha percepção replica minha própria perspectiva e viés pessoal ou vem de algo fora de mim?

Gratidão
Hoje estou celebrando

Autoconsciência
Hoje estou percebendo

Meditação [S] [N]
Fiz a minha prática de meditação hoje

Insight Espiritual
Durante a meditação de hoje eu senti, vi, percebi, aprendi, experimentei...

SEMANA 3

Manifestação
Escreva sobre o dia que deseja ter no passado, como se já tivesse acontecido.

Espaço de esboço

DATA & LUGAR:

As águas e emoções da minha alma me trazem paz e refrigério? Eu aprecio minhas emoções ou as desprezo? Eles fazem com que eu me sinta desequilibrado? Como posso usar a respiração para acalmar as águas da minha alma?

Gratidão
Hoje estou celebrando

Autoconsciência
Hoje estou percebendo

Meditação [S] [N]
Fiz a minha prática de meditação hoje

Insight Espiritual
Durante a meditação de hoje eu senti, vi, percebi, aprendi, experimentei...

Manifestação
Escreva sobre o dia que deseja ter no passado, como se já tivesse acontecido.

Espaço de esboço

DATA & LUGAR:

A alma é muitas vezes comparada a uma pintura, com muitas cores e não há duas almas iguais. Reserve um momento para considerar a beleza da alma e sua expressão. Talvez haja um prazer grato na singularidade de minha própria alma que desejo sentar e compartilhar com Deus. Talvez seja a alma de familiares, amigos, colegas ou mesmo a visão macro da beleza do homem na criação. Qualquer que seja a pintura que você deseja considerar, reserve um momento para apreciá-la com Deus.

Gratidão
Hoje estou celebrando

Autoconsciência
Hoje estou percebendo

Meditação [S][N]
Fiz a minha prática de meditação hoje

Insight Espiritual
Durante a meditação de hoje eu senti, vi, percebi, aprendi, experimentei...

Manifestação
Escreva sobre o dia que deseja ter no passado, como se já tivesse acontecido.

Espaço de esboço

O PROPÓSITO DA MINHA VIDA

"Se algum dia contarem minha história, digam que andei com gigantes. Os homens sobem e descem como o trigo de inverno, mas esses nomes nunca morrerão." Tróia (o filme)

Cada vida humana tem um propósito ou destino, uma forma de contribuir para o avanço da humanidade. É tão fundamental para o nosso ser que compõe uma das quatro questões básicas da vida humana. Por que estou aqui? Qual é o meu propósito? Muitas pessoas farão essa mesma pergunta repetidas vezes em várias conjunções de suas vidas. Dependendo da fase da vida, a pergunta pode parecer diferente? Durante o ensino médio esta pergunta é feita em relação à carreira? Ao considerar a teologia de alguém, ela é solicitada como um meio de se relacionar com a vontade de Deus, oração e tomada de decisão. No final da vida, pode ser perguntado como um meio de entender o significado pessoal? Mas a questão permanece; qual é o meu propósito e qual é o meu destino?

Alguns dos livros, filmes, jogos de computador etc. de maior sucesso são baseados nessa questão em algo que é chamado de jornada do herói. É uma estrutura composta por 12 etapas que mapeiam a jornada do herói em direção ao seu destino e, por lidar com suas lutas na jornada não apenas para superar, mas também para aceitar seu chamado ao destino, ressoa com algo profundo. O Senhor dos Anéis é um grande exemplo da jornada do herói. Nessas histórias, os detalhes da jornada e, às vezes, os detalhes do destino raramente são conhecidos no início da busca. Talvez porque se soubéssemos desde o início tudo sobre o caminho que precisaríamos percorrer, ficaríamos sobrecarregados e nunca partiríamos em nossa busca.

Agora é bastante óbvio que nem todos os destinos são iguais e, como tal, seu impacto não é o mesmo. Considere os nascimentos que ocorreram na Bíblia onde o Anjo do Senhor estava presente. Cada uma das vidas dessas crianças mudou drasticamente o curso da história. No entanto, há algo a ser dito sobre o chamado magnético para algo, seja o Anjo do Senhor marcando sua vida ou um conhecimento interno de identidade que constantemente o impulsiona para um resultado inexplicável e até intangível com magnetismo crescente. Há algo sobre uma pessoa cuja vontade e propósito estão alinhados de tal forma que seu propósito ressoa por todo o seu ser, fazendo com que cada célula ressoe com o conhecimento de quem ela é e com o que contribuirá para a humanidade com sua vida. Sem ilusões de grandeza, esses indivíduos não são facilmente distraídos e depois de lutar com quem eles são e este chama para o seu propósito. Eles são capazes de alcançar a essência de quem são e acessar as reservas mais profundas de seu ser, de modo que possam perseverar ao longo da jornada para cumprir seu propósito e destino.

E assim é deste lugar que partimos e começamos a contemplar, meditar e afinar o ouvido para o chamado que Deus colocou na vida de cada um de nós. Para explorar os raios multiespectrais da vontade do Senhor e a infinita possibilidade de como isso pode ser tangível em sua vida específica.

Declaração de Identidade

Eu sou...

_____

_____

que realiza (ação associada)

_____

_____

DIA	FOCO	PLANO DE MEDITAÇÃO
DOMINGO		
SEGUNDA		
TERÇA		
QUARTA		
QUINTA		
SEXTA		
SÁBADO		

Anotações

_____

_____

DATA & LUGAR:

Quem é alguém que me inspira ou alguém que admiro? O que há nessa pessoa que me inspira? Que qualidades vejo neles que desejo desenvolver
na minha própria vida?

Gratidão
Hoje estou celebrando

Autoconsciência
Hoje estou percebendo

Meditação   [S] [N]
Fiz a minha prática de meditação hoje

Insight Espiritual
Durante a meditação de hoje eu senti, vi, percebi, aprendi, experimentei...

Manifestação
Escreva sobre o dia que deseja ter no passado, como se já tivesse acontecido.

Espaço de esboço

DATA & LUGAR:

Considero o destino algo fixo desde o nascimento, predeterminado ou algo que pode ser mudado? Os justos podem determinar seu próprio pergaminho, aventura ou destino?

Gratidão
Hoje estou celebrando

Autoconsciência
Hoje estou percebendo

Meditação [S][N]
Fiz a minha prática de meditação hoje

Insight Espiritual
Durante a meditação de hoje eu senti, vi, percebi, aprendi, experimentei...

SEMANA 4

Manifestação
Escreva sobre o dia que deseja ter no passado, como se já tivesse acontecido.

Espaço de esboço

DATA & LUGAR:

Qual a importância do chamado para um destino? Precisa ser a voz audível ou visível de Deus que me chama para o meu destino? É um conhecimento interno ou talvez seja
o que eu desejo?

Gratidão
Hoje estou celebrando

Autoconsciência
Hoje estou percebendo

Meditação [S] [N]
Fiz a minha prática de meditação hoje

Insight Espiritual
Durante a meditação de hoje eu senti, vi, percebi, aprendi, experimentei...

Manifestação
Escreva sobre o dia que deseja ter no passado, como se já tivesse acontecido.

Espaço de esboço

DATA & LUGAR:

Como percebo a vontade de Deus? É semelhante a um filme onde cada pequena decisão impacta o destino e precisa ser levada diante de Deus? É mais uma questão de quem eu sou, como Seu filho, arranja o caminho?

Gratidão
Hoje estou celebrando

Autoconsciência
Hoje estou percebendo

Meditação [S] [N]
Fiz a minha prática de meditação hoje

Insight Espiritual
Durante a meditação de hoje eu senti, vi, percebi, aprendi, experimentei...

Manifestação
Escreva sobre o dia que deseja ter no passado, como se já tivesse acontecido.

Espaço de esboço

DATA & LUGAR:

O que é uma arena ou área de interesse na qual posso me perder por horas? Lendo livros? Falar e nunca perder o interesse? Por que me sinto assim sobre esta área?

Gratidão
Hoje estou celebrando

Autoconsciência
Hoje estou percebendo

Meditação [S] [N]
Fiz a minha prática de meditação hoje

Insight Espiritual
Durante a meditação de hoje eu senti, vi, percebi, aprendi, experimentei...

Manifestação
Escreva sobre o dia que deseja ter no passado, como se já tivesse acontecido.

Espaço de esboço

DATA & LUGAR:

Compaixão e vocação são a mesma coisa? Quais são as áreas que despertam uma sensação de indignação apaixonada ou sensação de injustiça? Esses sentimentos são provocados por um ponto de compaixão moral pela humanidade ou atração magnética pelo seu destino?

Gratidão
Hoje estou celebrando

Autoconsciência
Hoje estou percebendo

Meditação [S] [N]
Fiz a minha prática de meditação hoje

Insight Espiritual
Durante a meditação de hoje eu senti, vi, percebi, aprendi, experimentei...

Manifestação
Escreva sobre o dia que deseja ter no passado, como se já tivesse acontecido.

Espaço de esboço

DATA & LUGAR:

O que significa "destinado à grandeza" para você? Como seria isso em sua própria vida? Como quem você é se conecta para afetar seu destino ou propósito de vida?

Gratidão
Hoje estou celebrando

Autoconsciência
Hoje estou percebendo

Meditação [S] [N]
Fiz a minha prática de meditação hoje

Insight Espiritual
Durante a meditação de hoje eu senti, vi, percebi, aprendi, experimentei...

SEMANA 4

Manifestação
Escreva sobre o dia que deseja ter no passado, como se já tivesse acontecido.

Espaço de esboço

SUGESTÕES ADICIONAIS

Semana 1: Identidade
- Qual é a diferença entre identidade enraizada na personalidade e identidade enraizada em quem eu sou em Cristo/essência?
- Existem aspectos da minha vida em que sinto que minha identidade está enraizada em coisas exteriores, como crises?
- Quem Jesus diz que eu sou? Como eu sou no Espírito? Se eu pudesse resumir minha essência ou valores essenciais em 7 frases, quais seriam?
- E quanto à minha identidade com base nos papéis que desempenho? Mãe, pai, rei/rainha, filho etc.?
- O que acontece no espírito quando estou na plenitude de quem sou em Cristo? Qual é o impacto das minhas palavras, ações naquele lugar?
- Qual é a interação entre minha identidade e o Anjo da Presença?
- Como faço para limpar as coisas que obscurecem essa interação/reflexão?
- Como os anjos ao redor da minha vida reagem quando eu funciono a partir da minha personalidade, em oposição à minha identidade?
- Escreva declarações de identidade para sua vida pessoal, sua vida espiritual, seu negócio ou carreira e sua vida familiar.

Semana 2 e 3: A Alma

Alma Comum e Celebrando a Alma
- Como você aumenta a infusão da presença de Deus e a saturação de Sua luz em sua alma?
- O que traz prazer à minha alma? O que lhe traz satisfação? O que faz com que ela se torne exuberante e viva?
- Se tempo e dinheiro não fossem problema, que experiências sua alma desejaria?
- Crie uma declaração de identidade sobre o valor de sua alma.
- Efésios 4:11 descreve 5 sistemas de energia: o apóstolo, o profeta, o evangelista, o mestre e o pastor. Outra maneira de vê-los é o visionário, o estrategista, o multiplicador, o treinador e o educador. Ainda outra maneira de descrever isso é o que gera, o que manifesta, o que reflete, o que constrói, e o que projeta. Qual dessas descrições melhor descreve você? Quais funções você acha mais fáceis? Qual você acha mais difícil? Como você pode treinar todos esses aspectos em sua vida?

Amadurecendo a Alma
- Como é uma alma madura? Como é a MINHA alma madura?
- Como ela reage? Como ela reage em situações desconfortáveis?
- Que práticas ou exercícios eu faço para ajudar a amadurecer minha alma ou espero que as circunstâncias externas forcem a alma a amadurecer?

- Que medidas eu uso para acompanhar o progresso de minha alma?
- O que minha alma madura pode fazer? Considere todos os filmes malucos de ficção científica e fantasia, a trans-relocação, a viagem no tempo, o céu é o limite. Usando toda a minha imaginação, tente imaginar como a maturidade da alma pode parecer e fazer.
- Existe diferença entre uma alma imatura e uma alma ferida?
- Quem é alguém que eu consideraria uma alma madura? Como é isso na vida deles? O que eles tiveram que passar para que sua alma amadurecesse? Qual foi o custo da maturidade?

Consciência Intelectual
- Como será uma mente focada e firme e imóvel? Como é dentro da minha própria vida?
- Que práticas diárias eu faço para treinar minha mente e meu foco e fixar minha atenção?
- Como minha meditação melhora isso?
- Qual é a diferença entre os processos de pensamento mecânico e o pensamento inspirado infundido pela luz? Posso identificar áreas em minha vida em que formei mentalidades mecânicas opostas às mentalidades de crescimento?
- Estou ciente das áreas do meu pensamento em que o sentimentalismo se sobrepõe à verdade? Onde minha perspectiva é moldada por meu preconceito, personalidade, gostos e desgostos e apegos sentimentais? Como isso limita minhas interpretações, revelações e compreensão?
- O pensamento é considerado uma linguagem; um diálogo interno. Como meu diálogo interno influencia quem eu sou? Do que eu acredito que sou capaz? E o amor que acredito poder receber de Deus?
- Ouvir requer o envolvimento do intelecto. Como ouvir a palavra de Deus muda meu modo de pensar?

Consciência Emocional
- Posso dizer a diferença entre emoções superiores que levam à transformação e emoções inferiores que me empurram para o modo básico de sobrevivência?
- Posso discernir a origem de meus sentimentos? É do corpo, como cansaço, fome, etc. É do movimento interno do coração/alma ou é algo no ambiente externo que estou captando? Posso determinar o que está agitando as águas da minha alma? De onde vem o vento ou a perturbação?
- Considere cada um dos seguintes pares emocionais:
- Raiva e alegria/paz; frustração e satisfação; amargura (esgotamento) e sucesso; decepção e surpresa. Como experimento a tensão da emoção negativa e a resolução da emoção positiva em minha vida diária? Algum desses pares é mais dominante? Um é a raiz e o outro um sintoma? Como uso minhas emoções para aumentar minha experiência de vida? O reino espiritual? As relações que tenho?
- Posso usar minhas emoções para acumular amor, bondade e vida abundante

para as pessoas ao meu redor? Posso usar minhas emoções para ser uma fonte de vida, uma fonte borbulhante de refrigério?
- Transmutando Sentimentos: Como pego algo que me faz mal e o transmuto? Como faço para pegar algo que me faz sentir bem e usá-lo como um trampolim para algo mais?
- Sinto algo porque penso com minha mente que é assim que devo sentir e acredito que é o sentimento lógico ligado à experiência, ou sinto algo genuinamente como resultado do movimento das águas dentro do meu coração?
- Qual é a conexão entre o significado que atribuo a algo e as emoções que sinto como resultado desse significado atribuído?
- As cores têm sido associadas a sentimentos. Ao meditar, vejo ou percebo cores? Conectado a mim mesmo? Conectado a outros? Essas cores estão associadas a partes ou sentimentos específicos do corpo? Essas cores mudam? O que as faz mudar?

Percepções da Infância e feridas emocionais da alma:
Um resumo das feridas percebidas na infância é o seguinte: autojulgamento, auto-sacrifício, rejeição do eu central (digno), rejeição da identidade (origina-se de uma sensação de não ser visto e não ser o mesmo que. Essa ferida resulta em uma busca constante por identidade que removerá um sentimento inato de solidão e melancolia), rejeição da intimidade, rejeição da confiança (questões de segurança), ausência de nutrição (portanto, necessidade de cuidar de si, pois ninguém cuidará de suas necessidades), rejeição de infância (questões relacionadas à sobrevivência e força), rejeição da voz (a participação no mundo não é importante, sua voz ou aspecto único não é importante). Isso pode resultar em perguntas relacionadas a "Alguém me vê? Alguém me ouve? Alguém me ama ou me valoriza?" Posso identificar áreas em
minha vida onde essas questões estão sendo levantadas? Como o Espírito Santo e o Pai se tornam os pais que me asseguram meu valor? Como Jesus se torna minha criança interior que substitui todas as feridas da infância?

Descanço, Balanço e Harmonia
- O que eu faço por mim mesmo que me permite mostrar a plenitude de quem eu sou e para as pessoas em minha vida?
- Quais coisas preciso abrir mão para seguir em frente sem ser oprimido?

Semana 4: Destino and Propósito

Destino (perguntas para o viajante)
- Classifique os seguintes tópicos gerais em termos de importância em sua capacidade de se sentir realizado ou satisfeito na vida: Experiências (relacionamentos, aventuras, viagens, encontros com Deus), Crescimento (saúde, intelecto, habilidades, espiritual, amadurecimento de sua alma, aconselhamento, etc.) e Contribuição (carreira, vida criativa, comunidade, impacto, ONGs ou causas, vida familiar). Quão importante é a contribuição para a composição de quem eu sou?
- Acredito que minha vida tem capacidade de mudar o mundo? Como isso

ocorreria tangivelmente? O que isso implicaria?
- Que história quero que minha vida conte e que caminhos preciso escolher para que ela conte essa história?
- Quais são alguns dos sonhos e desejos que me apavoram devido ao seu tamanho? Posso identificar alguma crença limitante que limite minha capacidade de sonhar?
- Quais são minhas desculpas típicas para não buscar algo que mude minha vida?
- Quais são os fatores que me fazem aparecer na plenitude de quem eu sou? E o que eles me dizem sobre mim? Meu destino?
- O que considero a indústria mais útil do mundo? Porque?
- Por quais áreas eu me sinto mais apaixonado? O que mexe com meu coração mais do que qualquer outra coisa? É sentimentalismo ou é uma pista de algo que desejo mudar?
- Para aqueles que estão focados na jornada, que metas estabeleci que foram alcançadas até agora? Talvez comece definindo algum curto e médio prazo?
- Qual é um ramo, habilidade ou área que eu estaria disposto a sacrificar em alto nível por um período de tempo para mudar radicalmente esta arena?
- Como é Tikkun Olam (restaurar a Terra) no contexto da minha vida?
- Para aqueles que estão focados na jornada, que tarefas diárias, meditações ou práticas eu criei para me manter focado no destino?

Jornada (Perguntas para os determinados)
- Como celebro o caminho e não apenas o destino? Como expresso gratidão pelo cotidiano e não apenas pelo todo?
- Quais são algumas coisas que me inspiram a seguir em frente quando não estou com vontade? (Citações favoritas, histórias de vida de pessoas ou músicas inspiradoras, etc.).
- Para aqueles que estão focados no destino, que lembretes coloquei ao meu redor que são claramente visíveis com meus olhos físicos que me lembram de aproveitar a jornada?
- Para aqueles que estão focados no destino, quais hobbies eu desfrutei esta semana que me fazem sentir que a viagem vale a pena?

Imortalidade
- Que conjunto de habilidades você possui ou deseja desenvolver que acredita que continuará agregando valor ao mundo daqui a 1.000 anos?
- Como contribuirei para a geração que estará viva em 1.500 anos (além de algumas histórias épicas?)
- Como posso interagir com a sabedoria de uma forma que seja útil para mim e para meus filhos nos próximos 100 anos?
- Qual é o meu plano de 300 anos?
- Como me identifiquei com a morte, sepultamento, ressurreição e ascensão de Jesus além de conhecer alguns versículos da Bíblia? Como o envolvi na meditação?

A SUBSTÂNCIA DO SEU NOME

Há uma importância para um nome que transcende o tempo e o espaço. De alguma forma, em Sua sabedoria, o próprio Deus decidiu que nomear algo e alguém o conectaria a algo muito maior do que ele mesmo, bem como a algo desconhecido. Por que uma das promessas do livro de Apocalipse para os vencedores é um novo nome? Nomear cativou o mundo. Veja os códigos de acesso secretos para entrar em lugares especiais, veja a continuação das gerações com o II, III, IV (conhecemos alguém que é um V). Olhe para Jr. e Sr. Há mulheres no mundo com o nome de sua mãe, filhos com nomes de pais e até cachorros com nomes de personagens de filmes favoritos. O que há em um nome que até mesmo os nomes do próprio Deus são as chaves de acesso, abridores de portais e portais estelares para diferentes dimensões. Como pode o nome de um personagem bíblico estar tão ligado ao seu chamado que predetermina uma parte gigante do que ele faz? Preste atenção especial ao nome de Jesus, por que essas letras, por que nessa ordem, o que representa? A importância de um nome não pode ser exagerada a ponto de que mesmo a coisa mais chata e geral que você já aprendeu ou ouviu pode ter um peso significativo. Quem é Você? De onde você veio? Qual é o seu nome? O que seu nome significa?

Você consegue identificar como o significado do seu nome poderia ser incluído em um aspecto do seu destino/propósito/quem você é?

Por trás do nome de cada nobre, rei, guerreiro ou herói está a essência de quem ele é. Essa substância em desenvolvimento de caráter e essência que acrescenta peso às palavras que ele diz, força à ação que ele toma e confiabilidade ao resultado que é produzido. É essa substância de caráter que permitiu aos empresários confiar em negócios feitos de meros apertos de mão, ou, inversamente, a previsibilidade de caráter que cria medo e desconfiança em torno de negociações específicas com oponentes não confiáveis.

É impossível discutir identidade, alma e destino sem discutir a substância por trás do nome. O carácter e a essência que se acrescenta ao peso da sua assinatura, ao impacto do seu aperto de mão e ao comando das suas palavras.

Quais são os 5 traços de caráter específicos que você gostaria que fossem sinônimos de seu nome? (Os valores, crenças, princípios, ideais que te definem).

Como você pretende desenvolver esses aspectos do caráter? Que ações você pode realizar para desenvolver esses aspectos? Você consegue identificar as pessoas em sua vida com esses traços de caráter? Qual é a sensação quando você está perto deles? Como você honra esses traços de caráter quando vê que eles estão presentes na vida de outras pessoas?

Crie uma declaração "eu sou" que o ajude a incorporar essas características

Que perguntas de check-in você pode fazer a si mesmo para garantir que permaneça fiel à sua identidade e que a essência do caráter que você deseja ter seja priorizada em suas interações/decisões/ações diárias?

PARTE 2:

TORNANDO-SE UM CRIADOR

À medida que a estrutura mental aparece e as letras e camadas começam a ser colocadas em suas posições, há um sentimento distinto de antecipação. Os nomes de Deus gravados e as declarações gravadas começam a liberar sua demanda na criação. O sangue de Jesus encharca as partes internas da estrutura geométrica. O zumbido das rodas começa a aumentar através das essências liberadas para a manifestação desejada. À medida que as faces de Sua natureza começam a aparecer, há um som distinto. São os ventos inconfundíveis de um furacão envolto em água cercada por terra e fogo, formando um círculo protetor e transmutativo ao seu redor enquanto esculpe o espaço e o tempo. Este cerco não é possível a não ser através dos nomes de Deus, do sangue de Jesus e da vontade do Filho determinado. As dimensões começam a se abrir e a onda avassaladora de possibilidades satura a atmosfera. À medida que os anjos se reúnem e preparam os reinos e as atmosferas tanto para o Rei Vindouro quanto para a direção daquele que está presente, a criação começa a voltar sua atenção para aquele que levantou o portão e permanece em silêncio confiante. À medida que a união das chamas começa e volta sua atenção em uma direção singular, a hoste angelical espera pelo estrondo de sua voz para determinar o que deve fazer, como deve proceder e que revelação precisa ser aberta para que o Filho Manifesto possa executar a tríplice vontade de Deus em conjunto com a sua.

Este é o começo de uma jornada que durará através dos tempos. É o começo de sua própria jornada no mistério de quem você é em Cristo e quem Ele é em você. Não há causa mais nobre e não há tarefa mais difícil. O processo pelo qual Deus conduziu você permitiu que você chegasse até aqui. Agora a jornada começa. Em seu processo de ganhar poder espiritual e perceber quem você é, pedimos uma coisa a você; lembre-se de Sua bondade.

SUGESTÕES DE INSIGHTS ESPIRITUAIS

10. Insight, Intuição e Revelação
- Que revelação obtive com a meditação?
- Que novo entendimento recebi?
- Senti que o que aprendi era uma nova compreensão ou uma lembrança?
- Que pensamentos criativos ou inspirados tive durante minha meditação?
- Que sabedoria ou entendimento ganhei com minha meditação?
- Como minha perspectiva sobre uma situação mudou durante minha meditação?
- Como resultado da minha meditação, senti como se estivesse sendo solicitado ou gentilmente movido para mudar ou mudar alguma coisa em resposta ao amor de Deus? Percebi algo dentro de mim que precisava mudar, crescer, ser descartado ou desenvolvido?
- Identifiquei algo específico durante minha meditação que gostaria de aprofundar mais tarde?

11. Percepção
- Em algum momento durante a meditação eu tive uma sensação de peso ligada a uma palavra, oração, versículo bíblico ou pensamento específico?
- Quando eu disse os nomes de Deus, invoquei o sangue de Jesus ou me envolvi com o Espírito Santo, senti o peso de Deus por trás da minha meditação?
- Durante minha meditação, ganhei uma impressão ou percepção de algo fora de mim? Talvez uma sensação de algo na atmosfera? Talvez uma sensação de algo em nível global?
- Quando medito, posso perceber os outros na atmosfera? Posso perceber o impacto da Igreja? Parece o mesmo todos os dias da semana? Alguns dias na minha área parecem diferentes? Se houver múltiplas frequências, posso separá-las e determinar a frequência mais forte, a mais fraca? Qual deles puxa para mim? Qual deles afasta?
- Sensação de Movimento
- Durante a minha meditação percebi movimento? Sinto algo passando por mim? Entrando na sala ou saindo da sala? Movimento giratório, circular, em espiral?
- Quando medito sobre coisas além de mim, existe uma área (espiritual, global, nacional) na qual percebo movimento?

12. Visão Espiritual
- Onde está Jesus no meio da minha meditação?
- Como o Espírito Santo está presente na minha meditação?
- Eu vi anjos ou seres, pessoas da Nuvem de Testemunhas, aspectos do

Espírito Santo ou talvez um aspecto da criação antes da queda? Uma memória contida na chama de Deus?
- Você encontrou com alguém da Nuvem de Testemunhas, rabinos, sacerdotes, místicos antigos; dignitários, reis ou nobres; ou pessoas específicas de sua própria genealogia?
- Você encontrou alguma civilização ou cidade antiga, alguma cultura original ou sempre viva?
- Durante minha meditação, vi alguma luz piscando? Tinha alguma cor? Existe um aspecto específico da meditação ao qual essas luzes estão associadas?
- Eu vi um flash de alguma imagem específica mantida no espaço?
- Sou capaz de reativar qualquer coisa que vi posteriormente?
- Existe algo que eu sempre vejo na meditação que considero normal?
- Vi algo incomum na meditação que não entendo, mas preciso descrever?
- Onde está a área cinza ou a área que você não pode ver? Posso me concentrar nisso e ir além do desconhecido e invisível?

13. Sentimentos
- Houve um sentimento predominante que tive durante a meditação? Esse sentimento vem de mim e das coisas que estão acontecendo na minha vida? A atmosfera ao meu redor ou algo externo (talvez outra pessoa projetando seus sentimentos, o Espírito Santo trazendo uma sensação de paz e conforto?)
- Durante a meditação houve algo específico que me fez sentir mais tranquilo e relaxado? Seguro?
- Em algum estágio durante minha meditação, conectei-me com o intenso deleite de Deus? O que era em relação a? Estou ciente dos sentimentos de Deus? Deleite? Alegria exuberante? Compaixão? Gentileza?
- Quando medito nos nomes de Deus, eles provocam um sentimento específico? Quando encontro um anjo, ser ou membro da Nuvem de Testemunhas ou uma Letra de luz específica, experimento um sentimento específico?
- Quando sinto algo, posso voltar meu coração para isso e ver o que é ou o que está causando esse sentimento?
- Como me senti antes de meditar e como me senti depois de meditar? Houve alguma mudança? Quanto tempo dura esse sentimento após o término da meditação? Ele se dissipa imediatamente? Carrego durante o dia? Posso voltar e acessar esse sentimento se precisar de refrigério e lembrança?

14. Audição
- Posso ouvir sons quando medito? Inaudível ou audível? Música ou vozes?
- Os Salmos frequentemente falam sobre o som associado a fenômenos naturais como as águas turbulentas, o vento forte, o crepitar do fogo? A terra em que estou pisando tem som? Já ouvi sons associados a trovões ou outros fenômenos naturais?

- Já ouvi sons associados a movimentos? Estalando, sibilando?
- Existe um aspecto específico da meditação ou posição/lugar que ocupo que está conectado a um som específico? Esse som está ligado à cura? Ao trono? Anjos cantando? A música das esferas está presente?
- A frequência que estou ouvindo está em um ponto específico ou permeia a atmosfera?
- Posso determinar de que direção os sons estão vindo? Eu só vejo e ouço o que está na minha frente?
- O que aumenta o som? O que diminui o som? Se você se inclinar para o seu coração, isso aumenta o som ou o som das águas do seu coração turva o som que você está ouvindo?
- Existem sons associados a outras pessoas? Amigos, família, entes queridos?
- E a música ligada a culturas antigas? Eu já encontrei esses sons? Ou música associada a diferentes localizações geográficas?

15. Olfato e Paladar

- Quando medito, sinto cheiro de alguma fragrância em algum momento da minha meditação? É doce? Parece frutas? Lembra plantas? É floral? É mais antigo como livros velhos e empoeirados? É medicinal como o eucalipto? É amadeirado como abeto ou cedro? Ou semelhante a um mosteiro, como o incenso?
- Quando ocorrem as fragrâncias da minha meditação? Freqüentemente, durante momentos de gratidão silenciosa, as pessoas relataram um olfato aguçado? Isso ocorreu para você?
- Em minha vida diária eu já experimentei ou encontrei uma fragrância? Isso combina ou complementa as fragrâncias que encontro em minha meditação?
- Já senti um gosto doce ou amargo durante a meditação?

16. Físico

- Onde no meu corpo estou sentindo a presença de Deus? Eu estava consciente de alguma parte do meu corpo físico? Talvez meu coração? Minha coluna? Meus joelhos?
- Senti uma sensação de calor, acúmulo de energia ou formigamento em algum momento durante a meditação? O que eu estava envolvendo naquele momento?
- Qual é a minha postura de meditação preferida? Sentado, deitado em pé? Há diferença quando cruzo as pernas e os braços? Existe alguma diferença quando eu
- meditar com as mãos voltadas para cima? Há alguma diferença quando coloco a mão no coração?
- Estou consciente da energia que flui pelo meu corpo? Durante minha meditação, percebi algum bloqueio no fluxo de energia? Durante minha meditação, eu estava ciente de minha respiração passando facilmente por todo o meu corpo?

- Posso mudar o local de onde respiro? Isso muda o que sou capaz de perceber ou o tipo de coisas que estou percebendo?
- Os sentimentos às vezes são refletidos como cores no nível do corpo quando a emoção é armazenada em uma parte específica do corpo. Quando medito, conecto sentimentos e cores? Eu vejo cores específicas residindo em partes específicas do meu corpo? Posso mudar as cores ou intensificar as cores que residem em diferentes partes do meu corpo?
- Estou ciente de lugares em meu corpo físico que funcionam como portais espirituais?
- Estou ciente desses portões? Eu sinto quando esses portões estão selados? Eles estão ligados a Deus? Ou a outras pessoas?

17. Autoconsciência e Conexão

- Durante a minha meditação, senti um fortalecimento da minha conexão com Deus? À vida de Cristo e à esperança de Cristo dentro de mim? Se eu comungava durante a meditação, experimentei uma sensação de conexão com a profundidade do amor de Cristo contido no sangue de Jesus e na voz do sangue de Jesus que fala por nós?
- Eu experimentei uma conexão com a sabedoria de Deus ou o entendimento, a misericórdia ou a força de Deus? Um maior senso de confiança e força interior resultante da minha conexão com Cristo? (Posso todas as coisas em Cristo que me fortalece)
- Na minha meditação, senti um aumento, acúmulo ou aumento do amor, da vida e da luz de Deus crescendo dentro de mim e se expandindo para fora? Eu me senti revigorado através da minha meditação?
- Minha meditação aumentou minha consciência da beleza única que trago para a criação? Um aspecto específico de mim mesmo ou minha identidade. Estabeleceu algo específico em minha vida?
- Minha meditação aumentou minha consciência de minha própria voz e som dentro da criação?

18. Seguindo em frente

- Ao contrário do calor energético, senti um ar fresco ou uma brisa? Um movimento líquido aquoso ou uma sensação de calor ardente?
- Como honro o que vi, ouvi, cheirei, provei, senti ou percebi durante minha meditação? Eu descarto isso como fantasia e jogo fora? Eu o trago a Jesus e permito que seja mantido em um lugar de amor e conexão?
- Que aspectos da minha meditação preciso revisitar? Levo comigo para a próxima meditação? Pode ser uma técnica de meditação específica que provocou um insight ou pode ser um insight que precisa ser focado para impulsioná-lo ainda mais.

DEUS, AQUELE QUE CRIA E O HOMEM, AQUELE QUE FAZ

Sem dúvida, o nome de Deus é um nome conhecido em todo o multiverso. Bem no início de sua Bíblia, você conhece as páginas que ninguém lê, é chamado de Tetragrammaton ou "Quatro letras". Foi revelado a Moisés em Êxodo 3:14 e é a "torre forte" de Provérbios 18:10. Quando olhamos para o nome de Deus, há, sem exagero, milênios de revelação que já foram revelados para explorar e descompactar. Isso não quer dizer que foi concluído. Não acreditamos que seja possível. Ou seja, vamos começar com o que já foi descompactado.

Para os propósitos deste diário, é importante ter uma compreensão básica do nome de Deus e dos mundos que ele conecta. A conexão da criação com o nome é o que a sustenta, pois o nome de Deus é nossa conexão e revelação de todas as coisas na criação. João, o Revelador, disse isso melhor em Apocalipse 4:11, quando disse: "Tu és digno, nosso Senhor e nosso Deus, de receber glória, honra e poder. Pois tu criaste todas as coisas e por tua vontade elas existiram e foram criadas."

Nossa capacidade de compreender o processo de criação e tornar-se um criador de vida está diretamente ligada à nossa capacidade de manifestar os planos e propósitos de Deus na Terra. As estruturas e processos que o próprio Deus criou e incorporou na criação tornam-se as estruturas principais que usamos para imitá-lo e continuar a obra da qual ele descansou e nos entregou no sétimo dia da criação. Nossa esperança é que, ao continuar a explorar, você expanda o básico até as profundezas do que esse nome tem a revelar e sua parte na continuação do trabalho.

Declaração de Identidade

Eu sou...

que realiza (ação associada)

DIA	FOCO	PLANO DE MEDITAÇÃO
DOMINGO		
SEGUNDA		
TERÇA		
QUARTA		
QUINTA		
SEXTA		
SÁBADO		

Anotações

DATA & LUGAR:

Que aspectos da natureza de Deus são revelados no contexto do nome YHVH?

Gratidão
Hoje estou celebrando

Autoconsciência
Hoje estou percebendo

Meditação S N
Fiz a minha prática de meditação hoje

Insight Espiritual
Durante a meditação de hoje eu senti, vi, percebi, aprendi, experimentei...

Manifestação
Escreva sobre o dia que deseja ter no passado, como se já tivesse acontecido.

Espaço de esboço

DATA & LUGAR:

Que aspectos da natureza de Sua criação, o padrão no qual Ele cria e o que Ele emana é revelado no nome YHVH?

Gratidão
Hoje estou celebrando

Autoconsciência
Hoje estou percebendo

Meditação [S][N]
Fiz a minha prática de meditação hoje

Insight Espiritual
Durante a meditação de hoje eu senti, vi, percebi, aprendi, experimentei...

SEMANA 1

Manifestação
Escreva sobre o dia que deseja ter no passado, como se já tivesse acontecido.

Espaço de esboço

DATA & LUGAR:

As letras hebraicas que compõem o alfabeto às vezes são chamadas de "letras de luz". Como eu experimento ou percebo as letras do Nome de Deus, enquanto interajo com elas pessoalmente?

Gratidão
Hoje estou celebrando

Autoconsciência
Hoje estou percebendo

Meditação S N
Fiz a minha prática de meditação hoje

Insight Espiritual
Durante a meditação de hoje eu senti, vi, percebi, aprendi, experimentei...

SEMANA 1

Manifestação
Escreva sobre o dia que deseja ter no passado, como se já tivesse acontecido.

Espaço de esboço

DATA & LUGAR:

Se eu me envolver com o nome Elohim ou Adonai, como isso muda minha experiência ou interação com Deus?

Gratidão
Hoje estou celebrando

Autoconsciência
Hoje estou percebendo

Meditação   S N
Fiz a minha prática de meditação hoje

Insight Espiritual
Durante a meditação de hoje eu senti, vi, percebi, aprendi, experimentei...

SEMANA 1

Manifestação
Escreva sobre o dia que deseja ter no passado, como se já tivesse acontecido.

Espaço de esboço

DATA & LUGAR:

Estou ciente de algum movimento angélico associado ao nome de Deus? Posso identificar alguma raça angélica específica? Mudanças atmosféricas específicas?

Gratidão
Hoje estou celebrando

Autoconsciência
Hoje estou percebendo

Meditação [S] [N]
Fiz a minha prática de meditação hoje

Insight Espiritual
Durante a meditação de hoje eu senti, vi, percebi, aprendi, experimentei...

SEMANA 1

Manifestação
Escreva sobre o dia que deseja ter no passado, como se já tivesse acontecido.

Espaço de esboço

DATA & LUGAR:

Considere a vida de Abraão. Como a adição do Hey (um aspecto ou componente do próprio nome de Deus) ao seu nome impacta o curso de Sua vida? O que Abraão pode me ensinar sobre o nome de Deus?

Gratidão
Hoje estou celebrando

Autoconsciência
Hoje estou percebendo

Meditação S N
Fiz a minha prática de meditação hoje

Insight Espiritual
Durante a meditação de hoje eu senti, vi, percebi, aprendi, experimentei...

SEMANA 1

Manifestação
Escreva sobre o dia que deseja ter no passado, como se já tivesse acontecido.

Espaço de esboço

DATA & LUGAR:

Da profundidade do amor de Deus, Ele presenteou Sarah, a matriarca, com a adição do menor Hey ao seu nome, de modo que a tornou frutífera e capaz de gerar filhos em sua velhice. O que posso aprender com a interação de Sarah com o nome de Deus?

Gratidão
Hoje estou celebrando

Autoconsciência
Hoje estou percebendo

Meditação S N
Fiz a minha prática de meditação hoje

Insight Espiritual
Durante a meditação de hoje eu senti, vi, percebi, aprendi, experimentei...

SEMANA 1

Manifestação
Escreva sobre o dia que deseja ter no passado, como se já tivesse acontecido.

Espaço de esboço

CRIADO POR JESUS E PARA JESUS

"Porquanto nele foram criadas todas as coisas nos céus e na terra, as visíveis e as invisíveis, sejam tronos ou dominações, sejam governos ou poderes, tudo foi criado por Ele e para Ele." (Colossenses 1:16 KJA)

À medida que você se envolve com a estrutura dos nomes e cresce em sua capacidade como criador que se manifesta, um dos aspectos mais importantes que você pode se envolver é o nome de Jesus e o sangue de Jesus. Quando Jesus é a porta pela qual você passa, Ele garante que seu movimento seja em direção a Deus. "Eu sou o caminho a verdade e a luz ninguém passará ao pai a não ser por mim." (João 14:6) É Seu trabalho protegê-lo em seus movimentos e Ele é bom em Seu trabalho.

Envolver a cruz como um dispositivo transmutativo permite que você leve qualquer coisa para a cruz e a transmute de uma forma para outra. Cinzas para a beleza, luto para o óleo da alegria, desespero para uma vestimenta de louvor, doença e morte para a vida, julgamento para a misericórdia, falta para a abundância. No entanto, quando você transmuta qualquer coisa de uma forma para outra, quando você muda uma situação com sua declaração, quando você começa a se mover em uma direção particular com qualquer coisa, ocorre um balanço do pêndulo. Ele se move fortemente na direção em que você está se movendo ou na direção em que as coisas se moveram. A certa altura, esse balanço do pêndulo atinge uma crista e volta para o centro com velocidade extraordinária, de modo que pode se mover a uma distância igual na outra para trazer o equilíbrio. Ele continua a fazê-lo até que um novo equilíbrio seja encontrado e não seja mais necessário se mover.

Pessoas de todas as religiões e movimentos ao redor do mundo estão cientes dessa consequência natural da ação e dão vários nomes a essa lei universal de equilíbrio. Eles têm diferentes métodos de lidar com isso, ou suavizar o impacto das escamas, transferindo-o para seus inimigos. Quando o pêndulo voltar, se eles não estiverem prontos, vai doer. Movimentos extremos são conhecidos por causar a morte.

Envolver o sangue de Jesus, o arco que é criado pelo sangue que foi derramado antes da fundação da terra e o sangue que foi derramado dentro do tempo, permite transcender as leis naturais do universo e evitar pecados que exigem equilíbrio das escalas. Quando nos envolvemos com o sangue de Jesus, ele cobre o interior da estrutura onde estamos e circula ao nosso redor criando uma barreira para que quando aquele golpe voltar não nos atinja, ele atinge uma aliança cheia de graça e ou avança ou vem em equilíbrio.

Esta é apenas uma das muitas maneiras pelas quais Jesus nos protege, das quais podemos não estar cientes nunca. Sua Misericórdia é simultaneamente surpreendente e a maior fonte de ousadia e confiança disponível para nós. Acredito que muitos ficarão perplexos com o quão grande Sua misericórdia continua sendo no contexto de nossa proteção. Por mais místicos que sejamos ou pensemos que somos, não há substituto para o sangue de Jesus.

Declaração de Identidade

Eu sou...

_____

_____

que realiza (ação associada)

_____

_____

PLANO DE MEDITAÇÃO

DIA	FOCO	PLANO DE MEDITAÇÃO
DOMINGO		
SEGUNDA		
TERÇA		
QUARTA		
QUINTA		
SEXTA		
SÁBADO		

Anotações

_____

_____

DATA & LUGAR:

Jesus é a porta pela qual passamos, quão consciente estou de Jesus durante minha meditação? Como posso treinar minha consciência para tornar-me mais consciente Dele como a porta pela qual posso explorar e mover-me no Espírito?

Gratidão
Hoje estou celebrando

Autoconsciência
Hoje estou percebendo

Meditação ☐S ☐N
Fiz a minha prática de meditação hoje

Insight Espiritual
Durante a meditação de hoje eu senti, vi, percebi, aprendi, experimentei...

Manifestação
Escreva sobre o dia que deseja ter no passado, como se já tivesse acontecido.

Espaço de esboço

DATA & LUGAR:

Como funciona o arco entre o sacrifício que fica fora do tempo (o cordeiro imolado antes da fundação do mundo – Ap 13:8) e o sacrifício dentro do tempo (Jesus crucificado na cruz), permitindo ao homem um ponto de conexão perpétua com o amor eterno de Deus moldam minha realidade atual?

Gratidão
Hoje estou celebrando

Autoconsciência
Hoje estou percebendo

Meditação [S] [N]
Fiz a minha prática de meditação hoje

Insight Espiritual
Durante a meditação de hoje eu senti, vi, percebi, aprendi, experimentei...

Manifestação
Escreva sobre o dia que deseja ter no passado, como se já tivesse acontecido.

Espaço de esboço

DATA & LUGAR:

Pense nos cinco movimentos da vida de Cristo, Cristo nasceu, foi crucificado, morreu, ressuscitou e ascendeu. Como posso alinhar o movimento do meu ser aos movimentos de Cristo?

Gratidão
Hoje estou celebrando

Autoconsciência
Hoje estou percebendo

Meditação [S] [N]
Fiz a minha prática de meditação hoje

Insight Espiritual
Durante a meditação de hoje eu senti, vi, percebi, aprendi, experimentei...

SEMANA 2

Manifestação
Escreva sobre o dia que deseja ter no passado, como se já tivesse acontecido.

Espaço de esboço

DATA & LUGAR:

O que é que eu preciso transmutar pelo poder da cruz? Como a comunhão ajuda nesse processo transmutativo?

Gratidão
Hoje estou celebrando

Autoconsciência
Hoje estou percebendo

Meditação ☐S ☐N
Fiz a minha prática de meditação hoje

Insight Espiritual
Durante a meditação de hoje eu senti, vi, percebi, aprendi, experimentei...

SEMANA 2

Manifestação
Escreva sobre o dia que deseja ter no passado, como se já tivesse acontecido.

Espaço de esboço

DATA & LUGAR:

O sangue de Jesus fala por mim, o sangue de Jesus está sempre falando. O que está dizendo? Como a voz do sangue se difunde na criação?

Gratidão
Hoje estou celebrando

Autoconsciência
Hoje estou percebendo

Meditação [S] [N]
Fiz a minha prática de meditação hoje

Insight Espiritual
Durante a meditação de hoje eu senti, vi, percebi, aprendi, experimentei...

Manifestação
Escreva sobre o dia que deseja ter no passado, como se já tivesse acontecido.

Espaço de esboço

DATA & LUGAR:

O que acontece em minha vida quando acesso a barreira de mão dupla do sangue de Cristo que me protege do externo? Como o sangue de Cristo me protege das repercussões externas que ocorrem como resultado do deslocamento da balança?

Gratidão
Hoje estou celebrando

Autoconsciência
Hoje estou percebendo

Meditação [S] [N]
Fiz a minha prática de meditação hoje

Insight Espiritual
Durante a meditação de hoje eu senti, vi, percebi, aprendi, experimentei...

Manifestação
Escreva sobre o dia que deseja ter no passado, como se já tivesse acontecido.

Espaço de esboço

DATA & LUGAR:

Como o sangue de Cristo me protege do meu ambiente interno; realizando aquilo que eu falo, desejo e busco em pureza conforme é projetado de mim para o mundo? Como o sangue de Jesus garante que aquilo que eu libero produza amor e vida?

Gratidão
Hoje estou celebrando

Autoconsciência
Hoje estou percebendo

Meditação [S] [N]
Fiz a minha prática de meditação hoje

Insight Espiritual
Durante a meditação de hoje eu senti, vi, percebi, aprendi, experimentei...

SEMANA 2

Manifestação
Escreva sobre o dia que deseja ter no passado, como se já tivesse acontecido.

Espaço de esboço

TRABALHANDO COM AS HOSTES DE ANJOS

Como você reagiria se eu dissesse que poderia lhe entregar as chaves que abririam seu destino de uma maneira que você nunca pensou ser imaginável? Se sua resposta a essa afirmação for "é trabalho de Deus", então você ainda tem um pouco de processo a percorrer. Todos que já amadureceram fizeram declarações de natureza semelhante. O que significa para Jesus ser o autor e consumador da sua fé? A maior parte da minha jornada com Deus foi sobre a busca de chaves que estavam além do meu alcance, minha compreensão e minha capacidade de saber. Acontece que a fé funciona e ainda estamos buscando. Nesta semana, você encontrará algumas das chaves mais importantes que já descobrimos experimentalmente. O leão, o boi, a águia e o homem. Os querubins ao redor do trono, o que eles representam em você e a natureza de Deus são vitais para revelar quem você é Nele.

Os anjos são a maior chave da qual todos estão conceitualmente conscientes e perpetuamente temerosos ao mesmo tempo. Meus irmãos e irmãs em Cristo adoram dar exemplos de como o mal distorceu algo que Deus ordenou e sistematicamente categorizar, descartar e até alertar as pessoas sobre isso - como se Deus não tivesse nenhuma intenção em primeiro lugar e não fosse o criador de tais coisas. Tem havido tanto medo centrado em tocar em algo profano (usando a experiência de vida, traumas e erros de pessoas reais) que nós marginalizamos os afetados e bloqueamos todos os outros fora de uma parte vital das chaves que Deus está liberando na Terra para desbloquear o portas, que se fecham diante de nós em nossos respectivos caminhos para destravar nosso destino. Um martelo pode ser usado para enfiar um prego em seu lugar e construir um belo palácio ou para ferir alguém. Não é sobre o martelo; trata-se da intenção para a qual está sendo usado. Isso não pretende de forma alguma comparar algo tão sagrado quanto um anjo a um martelo, mas mais para transmitir que é a intenção com a qual você libera os anjos e a posição em que você se encontra que importa.

Trabalhar com a hoste angelical e vê-los operar é magnífico. A facilidade com que eles viajam em direção ao objetivo pretendido e a força resoluta que demonstram ao concluir sua tarefa devem ser estudadas. É sem dúvida uma das experiências mais gratificantes, inspiradoras de admiração por Deus e, às vezes, aterrorizantes. Não é para os fracos de coração ou para a pessoa de vontade fraca que deseja caminhar casualmente pela vida sem saber das realidades ao seu redor. O custo é muito alto para muitos. Se você quiser crescer em sua capacidade, isso o forçará a lidar com seus próprios problemas que muitas vezes você mesmo desconhecia na época. Cada vez que acontece é um convite ao crescimento e à intimidade com Deus. Você será forçado, será questionado, será provado e será testado. Quando você falha, como todos nós, fica mais difícil. Isso não é de forma alguma para dissuadi-lo, é para despertar seu senso de aventura. Existem dimensões e até reinos inteiros que estão esperando que você desperte para sua filiação. A direção de toda a criação está em nossas mãos coletivas. Esta é uma das chaves que abre essas portas.

Declaração de Identidade

Eu sou...

que realiza (ação associada)

DIA	FOCO	PLANO DE MEDITAÇÃO
DOMINGO		
SEGUNDA		
TERÇA		
QUARTA		
QUINTA		
SEXTA		
SÁBADO		

Anotações

DATA & LUGAR:

Como eu interajo com a hoste angelical?

Gratidão
Hoje estou celebrando

Autoconsciência
Hoje estou percebendo

Meditação S N
Fiz a minha prática de meditação hoje

Insight Espiritual
Durante a meditação de hoje eu senti, vi, percebi, aprendi, experimentei...

SEMANA 3

Manifestação
Escreva sobre o dia que deseja ter no passado, como se já tivesse acontecido.

Espaço de esboço

DATA & LUGAR:

O que vejo, sinto, experimento quando interajo com os anjos da terra?

Gratidão
Hoje estou celebrando

Autoconsciência
Hoje estou percebendo

Meditação [S][N]
Fiz a minha prática de meditação hoje

Insight Espiritual
Durante a meditação de hoje eu senti, vi, percebi, aprendi, experimentei...

SEMANA 3

Manifestação
Escreva sobre o dia que deseja ter no passado, como se já tivesse acontecido.

Espaço de esboço

DATA & LUGAR:

O que vejo, sinto, experimento quando eu interajo com os anjos do vento?

Gratidão
Hoje estou celebrando

Autoconsciência
Hoje estou percebendo

Meditação [S] [N]
Fiz a minha prática de meditação hoje

Insight Espiritual
Durante a meditação de hoje eu senti, vi, percebi, aprendi, experimentei...

SEMANA 3

Manifestação
Escreva sobre o dia que deseja ter no passado, como se já tivesse acontecido.

Espaço de esboço

DATA & LUGAR:

O que vejo, sinto, experimento quando eu interajo com o querubim de 4 faces descrito em Ezequiel?

Gratidão
Hoje estou celebrando

Autoconsciência
Hoje estou percebendo

Meditação [S] [N]
Fiz a minha prática de meditação hoje

Insight Espiritual
Durante a meditação de hoje eu senti, vi, percebi, aprendi, experimentei...

SEMANA 3

Manifestação
Escreva sobre o dia que deseja ter no passado, como se já tivesse acontecido.

Espaço de esboço

DATA & LUGAR:

Considere o Leão e a Águia como uma combinação. O que o envolvimento dessas duas faces aparentemente opostas produz?

Gratidão
Hoje estou celebrando

Autoconsciência
Hoje estou percebendo

Meditação [S] [N]
Fiz a minha prática de meditação hoje

Insight Espiritual
Durante a meditação de hoje eu senti, vi, percebi, aprendi, experimentei...

SEMANA 3

Manifestação
Escreva sobre o dia que deseja ter no passado, como se já tivesse acontecido.

Espaço de esboço

DATA & LUGAR:

Considere o rosto do Homem e do Boi como uma combinação. O que o envolvimento dessas duas faces produz?

Gratidão
Hoje estou celebrando

Autoconsciência
Hoje estou percebendo

Meditação [S] [N]
Fiz a minha prática de meditação hoje

Insight Espiritual
Durante a meditação de hoje eu senti, vi, percebi, aprendi, experimentei...

SEMANA 3

Manifestação
Escreva sobre o dia que deseja ter no passado, como se já tivesse acontecido.

Espaço de esboço

DATA & LUGAR:

Onde, em minha caminhada com Deus, encontrei o querubim de quatro faces? Apenas ao redor do trono de Deus? Existem outros lugares no espírito onde esse ser angélico é experimentado?

Gratidão
Hoje estou celebrando

Autoconsciência
Hoje estou percebendo

Meditação [S][N]
Fiz a minha prática de meditação hoje

Insight Espiritual
Durante a meditação de hoje eu senti, vi, percebi, aprendi, experimentei...

Manifestação
Escreva sobre o dia que deseja ter no passado, como se já tivesse acontecido.

Espaço de esboço

SEMANA 4

SUBSTÂNCIA DA CRIAÇÃO

Tudo na criação manifestada é criado a partir de um ou mais dos 4 elementos. Considere seu corpo físico, ele foi criado do pó (Gênesis), contém água, o calor ou fogo do sangue e a respiração que você respira é considerada o vento.

O fogo é a substância transmutativa do cosmos. É o amigo do ascendente e o purificador dos corações. É a substância que molda e dá forma às situações e circunstâncias. Muda a paisagem tanto no aspecto natural quanto no espírito. Ela atrai a santidade e, se manejada corretamente, pode destruir a escuridão e causar estragos no acampamento do inimigo. É a linguagem usada para descrever aspectos essenciais de seu relacionamento com Deus, ao mesmo tempo em que descreve perfeitamente Sua proteção e Seu amor. A chama ruge e se expande conforme sua vontade é exercida e se acalma assim que o próximo movimento é posicionado. É a linguagem usada para descrever o começo e o fim. O fogo é seu melhor amigo e seu pior inimigo. É para ser manuseado com cuidado.

A Terra é o recipiente. É o centro de contenção que contém todos os outros elementos. Moisés feriu a rocha e saiu água. Seu corpo é o vaso de Terra que contém seu sangue (fogo), sua água (corpo acima de 70%) e vento (sua respiração). Sem terra não há cadinho para que a reação que Deus quer produzir seja criada e abrigada. A terra é o solo arado pelo boi, sobrevoado pela águia, esculpido e sustentado pela água e queimado pelo fogo. É a peça central do multiverso e a casa de acesso para toda a criação de volta a Deus.

O vento é o harmonizador. Cria beleza a partir do caos e traz equilíbrio à misericórdia. O vento é a torrente que corre ao mesmo tempo que é a brisa fresca que bate no rosto. Pode ser ferozmente violento ou refrescantemente calmo. Pode ser a aproximação de uma tempestade ou um sinal de que Deus está com você. Sem vento, não conheceríamos o alívio de um sol escaldante ou um novo começo de dia. O vento é poder e o vento é uma dádiva.

A água flui e reflui como a maré dos oceanos. É o sustento do ser e se torna a substância sem a qual o homem não pode sobreviver no deserto. O rio da vida que alimenta as árvores que residem em suas margens. Águas também aludem a provisão e prosperidade, mas também é usada para descrever a liquidez das águas da alma, a fluidez do movimento dos céus inferiores e o refresco da misericórdia de Deus. Sua qualidade reflexiva é vista na quietude do mar de vidro, permitindo olhar para as águas e contemplar o reflexo. Essas mesmas águas podem representar um caos e turbulência. O lugar dos monstros marinhos e do caos onde apenas os corajosos ousam entrar, para extrair a vida. O bater das ondas contra as rochas, como gritos de fundo a fundo no rugido das cachoeiras. São as águas que servem para o baptismo, as águas que abrem dimensões, a divisão das águas que permite aos israelitas atravessar o deserto, o rebentar das águas que assinala o nascimento de uma criança. É a emersão de Jesus das águas após Seu batismo que causou a descida do Espírito Santo e a Água permite que o que está acima desça e se manifeste.

Declaração de Identidade

Eu sou...

que realiza (ação associada)

PLANO DE MEDITAÇÃO

DIA	FOCO	PLANO DE MEDITAÇÃO
DOMINGO		
SEGUNDA		
TERÇA		
QUARTA		
QUINTA		
SEXTA		
SÁBADO		

Anotações

DATA & LUGAR:

Estou ciente da substância que Deus usou para me moldar e criar, para me unir? Estou ciente das águas internas, do fogo (sangue) interno, da respiração interna? Como isso se conecta com as águas acima, o sangue de Jesus e o sopro do Espírito Santo?

Gratidão
Hoje estou celebrando

Autoconsciência
Hoje estou percebendo

Meditação ☐S ☐N
Fiz a minha prática de meditação hoje

Insight Espiritual
Durante a meditação de hoje eu senti, vi, percebi, aprendi, experimentei...

SEMANA 4

Manifestação
Escreva sobre o dia que deseja ter no passado, como se já tivesse acontecido.

Espaço de esboço

DATA & LUGAR:

Estou ciente dos elementos que compõem o céu? Já notei nas passagens da Bíblia onde as descrições de Deus, Seu trono, Sua voz estão correlacionadas com fenômenos climáticos naturais? Por que a Bíblia usa essas descrições?

Gratidão
Hoje estou celebrando

Autoconsciência
Hoje estou percebendo

Meditação [S][N]
Fiz a minha prática de meditação hoje

Insight Espiritual
Durante a meditação de hoje eu senti, vi, percebi, aprendi, experimentei...

Manifestação
Escreva sobre o dia que deseja ter no passado, como se já tivesse acontecido.

Espaço de esboço

DATA & LUGAR:

Pense em todos os tipos de água possíveis, desde o riacho manso, até as ondas violentas de um mar tempestuoso batendo contra as rochas, o refresco do rio, a quietude do lago matinal até a vastidão e profundidade do oceano, a cachoeira, a chuva e até a forma como a lua rege as marés e a sua ligação com a água. Considere todos os angélicos que contêm parte água como sua composição; a água da alma; o mar de cristal e o rio sob o trono no Livro do Apocalipse. Passe algum tempo contemplando a água conectada ao Criador que a criou, em conexão com o Senhor.

Gratidão
Hoje estou celebrando

Autoconsciência
Hoje estou percebendo

Meditação [S][N]
Fiz a minha prática de meditação hoje

Insight Espiritual
Durante a meditação de hoje eu senti, vi, percebi, aprendi, experimentei...

SEMANA 4

Manifestação
Escreva sobre o dia que deseja ter no passado, como se já tivesse acontecido.

Espaço de esboço

DATA & LUGAR:

Pense em todos os tipos possíveis de fogo, calor e chamas da sarça ardente, a chama azul da Yechida, a misteriosa chama que estava no templo; o fogo quente e frio ardente; os ministros que são como chamas de fogo; os serafins e todos os outros seres de fogo; pense em emoções ardentes, até mesmo línguas de fogo durante o Pentecostes e passe algum tempo contemplando o fogo em conexão com o nome Elohim.

Gratidão
Hoje estou celebrando

Autoconsciência
Hoje estou percebendo

Meditação [S] [N]
Fiz a minha prática de meditação hoje

Insight Espiritual
Durante a meditação de hoje eu senti, vi, percebi, aprendi, experimentei...

SEMANA 4

Manifestação
Escreva sobre o dia que deseja ter no passado, como se já tivesse acontecido.

Espaço de esboço

DATA & LUGAR:

Pense em todos os tipos possíveis de terra, o pó cósmico do qual Adão foi formado, o solo no qual a semente é plantada; a terra que produz vida e colheitas; as montanhas que formam os lugares altos; as rochas e os metais, pedras preciosas, a pedra fundamental, a pedra angular, a casa que está edificada sobre a rocha e moldando o barro. Passe algum tempo contemplando a terra e sua conexão com o Deus vivo, o Criador.

Gratidão
Hoje estou celebrando

Autoconsciência
Hoje estou percebendo

Meditação [S] [N]
Fiz a minha prática de meditação hoje

Insight Espiritual
Durante a meditação de hoje eu senti, vi, percebi, aprendi, experimentei...

SEMANA 4

Manifestação
Escreva sobre o dia que deseja ter no passado, como se já tivesse acontecido.

Espaço de esboço

DATA & LUGAR:

Pense em todos os tipos de vento possíveis; vento harmonizador, brisa mansa, tornado, sopro nos pulmões, primeiro sopro que uma criança respira, sopro na atmosfera, nobres gases inertes, o vento que ninguém sabe de onde vem e para onde vai, o vento que traz chuva, o verão quente ou o vento da montanha, uma brisa fresca do oceano ou até mesmo o sopro de vida que Deus soprou sobre Adão. Passe algum tempo contemplando o vento e sua conexão com Ruach Hakodesh.

Gratidão
Hoje estou celebrando

Autoconsciência
Hoje estou percebendo

Meditação [S] [N]
Fiz a minha prática de meditação hoje

Insight Espiritual
Durante a meditação de hoje eu senti, vi, percebi, aprendi, experimentei...

Manifestação
Escreva sobre o dia que deseja ter no passado, como se já tivesse acontecido.

Espaço de esboço

DATA & LUGAR:

Moisés no Antigo Testamento teve muitas interações e milagres que ocorreram como milagres elementares. Desde separar as águas, até transformar as águas amargas em doces e até mesmo bater na rocha e fazer brotar água. Ele teve milagres de fogo, incluindo a sarça ardente, houve milagres do maná descendo do céu. Qual foi a interação de Moisés com a água e o fogo? O que a interação da água e do fogo produz?

Gratidão
Hoje estou celebrando

Autoconsciência
Hoje estou percebendo

Meditação [S] [N]
Fiz a minha prática de meditação hoje

Insight Espiritual
Durante a meditação de hoje eu senti, vi, percebi, aprendi, experimentei...

Manifestação
Escreva sobre o dia que deseja ter no passado, como se já tivesse acontecido.

Espaço de esboço

SUGESTÕES ADICIONAIS

A estrutura como um todo:
- Como posso usar as estruturas que aprendemos não apenas para crescer, mas para ativar o favor de Deus?
- Como eu experimento, vejo, visualizo estar rodeado pelos Nomes de Deus?
- O que significa a experiência de conexão contínua com a frequência da sala do trono?
- O que significa para mim levar a frequência do próprio Nome de Deus ao redor de todo meu ser? Como isso fortalece minha vida diária?
- Como minhas declarações de "Eu sou" interagem com o Nome de Deus em todos os níveis?
- Como minha vontade determinada e estabelecida vai interagir com a frequência do Nome de Deus?
- Semana 1: O nome de quatro letras de Deus
- Como o nome de quatro letras de Deus interage com as quatro câmaras do meu coração?
- Como você se sente quando está estressado e respira o nome de Deus? O que sua respiração, conectada ao Nome, faz?
- Quando penso em Yod como a semente, e sei que a semente foi plantada no sangue. Como isso aprofunda minha compreensão da semente que cresce na Árvore da Vida? Como isso afeta minha compreensão da fé como um grão de mostarda? Todas as sementes são iguais?
- Posso conceituar a letra superior e inferior hebraica Hey como portais para serem ascendidos ao mistério da Divindade? E quanto aos dois Heh's como portais dentro do nome de Deus para descer e trazer as coisas à manifestação?
- Como minha interação com Vav, como um prego ou uma conexão entre dois mundos, afeta minha compreensão dos pregos que foram colocados nas mãos de Jesus enquanto ele estava pendurado na cruz? O que então a cruz de Cristo simboliza?

Semana 2: O nome de Jesus
- Quando eu procuro o nome de Jesus, que anjo responde?
- Quando envolvo o sangue de Jesus, o que se move em minha direção e se afasta de mim? (Seja mais específico do que 'anjos' e 'demônios').
- Quando molho algo no sangue de Jesus, qual é o resultado?
- Quando quero criar uma barreira protetora em torno de algo, como o sangue de Jesus forma isso?
- Qual é o meu nível de consciência de experimentar Jesus como meu acesso ao reino espiritual? Quão consciente estou do sangue de Jesus que forma uma barreira entre a criação e a eternidade? Como é minha interação com aquele sangue?
- Estou ciente de que posso clamar e ver Jesus instantaneamente, não importa onde eu esteja no Espírito? Eu já fiz isso? Em que situações isso é importante para eu praticar?

- Até que ponto estou ciente não apenas da presença de Jesus, mas também de Suas emoções, Seus pensamentos, Sua orientação e Seu amor quando me movo no espírito?
- Como a adição do Shin interage com o nome YHVH? Com o nome de Jesus?
- Qual é a sensação da vida de Cristo e da glória do Filho em sua difusão através da criação quando estou posicionado fora da criação?
- Qual é a importância da cruz, a letra hebraica Tav, e seu significado como um lugar de troca, uma capacidade de transmutação para nós como cristãos?

Semana 3: O querubim de 4 faces
- Conhecemos o Rei Jesus Leão, o feroz que ataca todo inimigo. O que acontece quando você O envolve?
- De que tipo de terreno o Boi fica longe?
- Quando a águia está voando, para onde seus olhos estão olhando?
- O que o homem pode se tornar? Quais são as diferentes formas do homem?
- Existe uma conexão entre as constelações estelares que Deus criou: Leão, Touro (Boi), Aquário (homem) e as quatro faces descritas em Ezequiel?
- Qual é a conexão entre o Leão de Judá, a tribo de Judá que vai primeiro, o papel do Reinado e a face do Leão?
- Quando você encara o rosto do Homem, qual é a imagem do homem que você vê? É Adão? É o homem que existe na criação agora? Adão que existia antes da queda?

Semana 4: Moldando as substâncias da criação
- Como o Fogo, a Terra, o Vento e a Água reagem quando você invoca o nome de Jesus neste ponto? Ele reage de forma diferente quando você envolve o nome de Jesus em um lugar ascendido?
- Quando você estende sua mão em direção à Terra, o que acontece no espaço entre sua mão e a Terra?
- Como harmonizo os vários elementos por meio de minha conexão com Cristo?
- Por que é tão importante que eu sempre conecte os elementos ao nome de Deus e não os envolva fora desse nome?
- Por que as práticas mais antigas da medicina eram uma discussão sobre o equilíbrio elementar? Como meu corpo se relaciona com os elementos e como posso equilibrar os elementos dentro do meu corpo usando o Nome de Deus?
- Considere os milagres realizados no Novo Testamento. Jesus cuspiu no chão (terra e água) e curou o cego (João 9:6). Como a manipulação dos elementos desempenha um papel em muitos dos milagres de cura que ocorrem no Novo Testamento? Por que isso é importante? O que isso significa para os crentes? Como isso afeta nossa compreensão de sinais, maravilhas e milagres?
- A manipulação dos elementos é uma função do espírito ou da alma? Considere filmes como 'The Matrix', onde a colher é dobrada. Que aspecto do seu ser está envolvido na manipulação dos elementos?
- Como o Espírito Santo interage com os elementos? Qual é o papel dela considerando coisas como línguas de fogo? Ser comparado ao vento? Respirar sobre a água?

CRIANDO RITUAIS PARA AUMENTAR A INTENCIONALIDADE

A palavra ritual costuma ter má reputação. Para o observador, muitas vezes pode evocar uma imagem de regras legalistas e uma série de ações feitas pelo participante em uma sequência específica para obter algum tipo de resultado. Costuma-se supor que um ritual rouba do participante uma profundidade de experiência ou mesmo o mais vago senso de afeto. No entanto, esta descrição não é um ritual, mas sim uma rotina desprovida de intenção, consciência e conjurada de um senso de dever desprovido de amor. Uma demonstração sem o envolvimento do coração. Outra conotação negativa dos rituais é sua associação com a magia profunda e o ocultismo, os rituais de bruxaria, ou os rituais de etc. No entanto, quero encorajá-lo hoje a reexaminar e reconsiderar o conceito de rituais (em vez de fugir de uma palavra que tem sido usada incorretamente para descrever coisas que existem fora do terno amor de Deus).

Os rituais são, na verdade, belas tradições, muitas vezes cerimônias ou festas, que abrangem a beleza do acesso experiencial a Deus que vai além da rotina. Para o observador, pode parecer rígido e entrincheirado na disciplina, e não na espontaneidade. No entanto, para o participante que intencionalmente se envolve na atividade com a plenitude de seu coração, o foco inabalável de sua atenção mental, o ritual pode proporcionar uma poderosa experiência de mudança de vida e um encontro com a divindade.

Rituais não precisam ser complicados. Considere os rituais que realizamos em nossa vida diária, como dar graças antes de uma refeição. Esta ação, sem fixar a intenção do coração ou fixar o olhar, pode ser apenas uma tradição sem sentido. No entanto, também pode ser uma maneira de sintonizar-se com a presença de Deus e criar uma porta para que todos os participantes da refeição experimentem e participem da vida abundante de Cristo antes de comer a comida. Talvez o ritual seja sua meditação matinal. Você pode cantar o nome de Deus sem envolver seu coração. Até certo ponto, haverá uma mudança no nível celular como resultado do emaranhamento quântico, mas quando a intenção do coração é fixada, o olhar é direcionado para o Nome de Deus, um portal para obter uma experiência mais profunda de Deus torna-se disponível. A intenção do coração é fundamental para criar significado para um ritual oposto a uma rotina que é feita por obrigação e disciplina ou dever.

Além disso, quando alguém participa de rituais que vão além do nosso momento atual, nos conectamos com o passado, presente e futuro. Quando participamos da comunhão, não apenas estamos nos conectando com o sangue de Cristo antes da fundação do mundo, mas também nos unindo e unindo a nós mesmos e nossa essência com cada cristão que compõe o corpo de Cristo tanto em nosso tempo presente, em gerações que passaram e as gerações que ainda virão. Quando dizemos as orações estabelecidas de nossos antepassados, ou nos envolvemos na criação de edificações mentais que compreendem alguns dos mistérios que foram praticados em segredo por muitas gerações, nos posicionamos para ficar entre aqueles que vieram antes de nós em um nível inatingível.

Rituais ligados aos antigos. As práticas daqueles que vieram antes nos protegem de nossa obsessão com a individualidade impulsionada por nosso ego e nos reúnem com o conceito do corpo de Cristo tanto como um crente dentro do tempo quanto o corpo que existe fora do tempo. Rituais que não estão relacionados ao autocuidado, mas ao Reino, nos ajudam a passar para uma macroperspectiva da atividade global e criar uma consciência intrínseca dos movimentos espirituais globais. Finalmente, os rituais ligados ao sangue de Cristo, nos conectam a esse 'tudo' na criação, tanto dentro quanto fora do tempo. "Porque nele foram criadas todas as coisas que há nos céus e na terra, as visíveis e as invisíveis, sejam tronos, sejam dominações, sejam principados, sejam potestades. Todas as coisas foram criadas por Ele e para Ele" (Colossenses 1:16). Os Rituais Espirituais, para o participante intencional, deixam uma marca de admiração e uma profunda afeição por nosso Deus.

Para o propósito deste diário, queremos incentivá-lo a criar seu próprio ritual intencional. Pode ser uma atividade do tipo autocuidado que permite que você se sinta mais revigorado e tenha mais tempo com Deus. Atividades como a arte de sentar em silêncio por 5 minutos todas as manhãs, praticar gratidão, tomar um café ou apenas apreciar alguma forma de beleza natural a cada dia, que pode incluir um pôr do sol, uma trilha na montanha ou simplesmente uma linda flor. No entanto, o ritual também pode abranger algumas de nossas tradições espirituais transmitidas de geração em geração pela Bíblia. Isso pode incluir a comunhão, ou os credos que estabelecem os inquilinos de nossa fé ou até mesmo dar graças em uma refeição. Pode incluir algumas das estruturas espirituais que aprendemos a criar ou alguns dos compromissos que fazemos com o nome de Deus. Não importa a atividade ou ritual que você escolheu seguir, o principal objetivo deste exercício é pensar e anotar conscientemente o afeto e o olhar do coração durante este ritual, a atenção e o foco da mente e aumentar a percepção consciente de seu interior estatura e postura durante essas práticas.

Ritual 1:
A atividade

Onde está o afeto do meu coração durante este ritual? Qual é o foco da minha mente durante este ritual? Qual é a minha intenção para este ritual?

Ritual 2:
A atividade

Onde está o afeto do meu coração durante este ritual? Qual é o foco da minha mente durante este ritual? Qual é a minha intenção para este ritual?

Ritual 3:
A atividade

Onde está o afeto do meu coração durante este ritual? Qual é o foco da minha mente durante este ritual? Qual é a minha intenção para este ritual?

Agora que você passou algum tempo pensando sobre sua afeição, atenção, foco e intenção desejada para esses rituais, comece a praticá-los e veja se essa atividade aumenta sua consciência e encontro experiencial. Tente fazer um ritual todos os dias durante o próximo mês.

PARTE 3:

CRIANDO EQUILÍBRIO

A beleza de um mundo em total harmonia com seu Criador é sonhada desde antes de sua fundação. O homem, na plenitude de seu destino, foi o antes proclamado harmonizador. Era a humanidade que faria a Terra parecer com o Céu e era a mesma pessoa que recebia o assento de autoridade, não apenas sobre a Terra, mas sobre toda a criação. A Terra é apenas o começo e estamos a décadas de realizar o primeiro chamado.

O influxo do que e quem entra e sai da Terra também é nossa responsabilidade. Fomos projetados para ser os guardiões da justiça e da misericórdia e os fornecedores de beleza para o cosmos. Não começa com o mundo inteiro, mas com nossas próprias vidas. Estamos perpetuamente engajados no microcosmo do macrocosmo. Se formos fiel no pouco, muito nos será dado. Esta é a nossa promessa, este é o nosso desejo, este é o nosso destino - não apenas harmonizar o globo, mas também expressar a beleza da divindade para toda a criação.

SUGESTÕES DE INSIGHT ESPIRITUAL

19. Insight, Intuição e Revelação
- Que revelação obtive com a meditação?
- Que novo entendimento recebi?
- Senti que o que aprendi era uma nova compreensão ou uma lembrança?
- Que pensamentos criativos ou inspirados tive durante minha meditação?
- Que sabedoria ou entendimento ganhei com minha meditação?
- Como minha perspectiva sobre uma situação mudou durante minha meditação?
- Como resultado da minha meditação, senti como se estivesse sendo solicitado ou gentilmente movido para mudar ou mudar alguma coisa em resposta ao amor de Deus? Percebi algo dentro de mim que precisava mudar, crescer, ser descartado ou desenvolvido?
- Identifiquei algo específico durante minha meditação que gostaria de aprofundar mais tarde?

20. Percepção
- Em algum momento durante a meditação eu tive uma sensação de peso ligada a uma palavra, oração, versículo bíblico ou pensamento específico?
- Quando eu disse os nomes de Deus, invoquei o sangue de Jesus ou me envolvi com o Espírito Santo, senti o peso de Deus por trás da minha meditação?
- Durante minha meditação, ganhei uma impressão ou percepção de algo fora de mim? Talvez uma sensação de algo na atmosfera? Talvez uma sensação de algo em nível global?
- Quando medito, posso perceber os outros na atmosfera? Posso perceber o impacto da Igreja? Parece o mesmo todos os dias da semana? Alguns dias na minha área parecem diferentes? Se houver múltiplas frequências, posso separá-las e determinar a frequência mais forte, a mais fraca? Qual delas me atrai? Qual delas sinto repulsa?
- Sensação de Movimento
- Durante a minha meditação percebi movimento? Sinto algo passando por mim? Entrando na sala ou saindo da sala? Movimento giratório, circular, em espiral?
- Quando medito sobre coisas além de mim, existe uma área (espiritual, global, nacional) na qual percebo movimento?

21. Visão Espiritual
- Onde está Jesus no meio da minha meditação?
- Como o Espírito Santo está presente na minha meditação?
- Eu vi anjos ou seres, pessoas da Nuvem de Testemunhas, aspectos do Espírito Santo ou talvez um aspecto da criação antes da queda? Uma memória contida na chama de Deus?
- Você se encontrou com pessoas da Nuvem de Testemunhas, rabinos,

sacerdotes, místicos de antigamente; dignitários, reis ou nobres; ou pessoas específicas de sua própria genealogia?
- Você encontrou alguma civilização ou cidade antiga, alguma cultura original ou com aqueles que vivem para sempre?
- Durante minha meditação, vi alguma luz piscando? Tinha alguma cor? Existe como aspecto específico da meditação ao qual essas luzes estão associadas?
- Eu vi um flash de alguma imagem específica mantida no espaço?
- Sou capaz de reativar qualquer coisa que vi posteriormente?
- Existe algo que eu sempre vejo na meditação que considero normal?
- Vi algo incomum na meditação que não entendo, mas preciso descrever?
- Onde está zona de penumbra ou a área que você não pode ver? Posso me concentrar nisso e ir além do desconhecido e invisível?

22. Sentimentos

- Houve um sentimento predominante que tive durante a meditação? Esse sentimento vem de mim e das coisas que estão acontecendo na minha vida? A atmosfera ao meu redor ou algo externo (talvez outra pessoa projetando seus sentimentos, o Espírito Santo trazendo uma sensação de paz e conforto?)
- Durante a meditação houve algo específico que me fez sentir mais tranquilo e relaxado? Seguro?
- Em algum momento durante minha meditação, senti o intenso deleite de Deus? Foi em relação ao que? Estou ciente dos sentimentos de Deus? Deleite? Alegria exuberante? Compaixão? Gentileza?
- Quando medito nos nomes de Deus, eles provocam um sentimento específico? Quando encontro um anjo, ser ou membro da Nuvem de Testemunhas ou uma Letra de luz específica, experimento um sentimento específico?
- Quando sinto algo, posso voltar meu coração para isso e ver o que é ou o que está causando esse sentimento?
- Como me senti antes de meditar e como me senti depois de meditar? Houve alguma mudança? Quanto tempo dura esse sentimento após o término da meditação? Ele se dissipa imediatamente? Carrego ao longo do dia? Posso voltar e acessar esse sentimento se precisar de refrigério e lembrança?

23. Audição

- Posso ouvir sons quando medito? Inaudível ou audível? Música ou vozes?
- Os Salmos frequentemente falam sobre o som associado a fenômenos naturais como as águas turbulentas, o vento forte, o crepitar do fogo? A terra em que estou pisando tem som? Já ouvi sons associados a trovões ou outros fenômenos naturais?
- Já ouvi sons associados a movimentos? Estalando, sibilando?
- Existe um aspecto específico da meditação ou posição/lugar que ocupo que está conectado a um som específico? Esse som está ligado à cura? Ao trono? Anjos cantando? A música das esferas está presente?
- A frequência que estou ouvindo está em um ponto específico ou permeia a atmosfera?

- Posso determinar de que direção os sons estão vindo? Eu só vejo e ouço o que está na minha frente?
- O que aumenta o som? O que diminui o som? Se você se inclinar para o seu coração, isso aumenta o som ou o som das águas do seu coração turva o som que você está ouvindo?
- Existem sons associados a outras pessoas? Amigos, família, entes queridos?
- E a música ligada a culturas antigas? Eu já encontrei esses sons? Ou música associada a diferentes localizações geográficas?

24. Olfato e Paladar

- Quando medito, sinto cheiro de alguma fragrância em algum momento da minha meditação? É doce? É frutado? É tipo planta? É floral? É mais antigo como livros velhos e empoeirados? É medicinal como o eucalipto? É amadeirado como abeto ou cedro? Ou semelhante a um mosteiro, como o incenso?
- Quando ocorrem as fragrâncias da minha meditação? Freqüentemente, durante momentos de gratidão silenciosa, as pessoas relataram um olfato aguçado? Isso ocorreu para você?
- Em minha vida diária eu já experimentei ou encontrei uma fragrância? Isso combina ou complementa as fragrâncias que encontro em minha meditação?
- Já senti um gosto doce ou amargo durante a meditação?

25. Físico

- Onde no meu corpo estou sentindo a presença de Deus? Eu estava consciente de alguma parte do meu corpo físico? Talvez meu coração? Minha coluna? Meus joelhos?
- Senti uma sensação de calor, acúmulo de energia ou formigamento em algum momento durante a meditação? O que eu estava envolvendo naquele momento?
- Qual é a minha postura de meditação preferida? Sentado, deitado em pé? Há diferença quando cruzo as pernas e os braços? Há diferença quando medito com as mãos voltadas para cima? Há alguma diferença quando coloco a mão no coração?
- Estou consciente da energia que flui pelo meu corpo? Durante minha meditação, percebi algum bloqueio no fluxo de energia? Durante minha meditação, eu estava ciente de minha respiração passando facilmente por todo o meu corpo?
- Posso mudar o local de onde respiro? Isso muda o que sou capaz de perceber ou o tipo de coisas que estou percebendo?
- Os sentimentos às vezes são refletidos como cores no nível do corpo quando a emoção é armazenada em uma parte específica do corpo. Quando medito, conecto sentimentos e cores? Eu vejo cores específicas residindo em partes específicas do meu corpo? Posso mudar as cores ou intensificar as cores que residem em diferentes partes do meu corpo?
- Estou ciente de lugares em meu corpo físico que funcionam como portais

espirituais? Estou ciente desses portais? Eu sinto quando esses portais estão selados? Eles estão ligados a Deus? Outras pessoas?

26. Autoconsciência e Conexão

- Durante a minha meditação, senti um fortalecimento da minha conexão com Deus? À vida de Cristo e à esperança de Cristo dentro de mim? Se eu estava tomando ceia durante a meditação, experimentei uma sensação de conexão com a profundidade do amor de Cristo contido no sangue de Jesus e na voz do sangue de Jesus que fala por nós?
- Eu experimentei uma conexão com a sabedoria de Deus ou o entendimento, a misericórdia ou a força de Deus? Um maior senso de confiança e força interior resultante da minha conexão com Cristo? (Posso todas as coisas em Cristo que me fortalece)
- Na minha meditação, senti um aumento, acúmulo ou aumento do amor, da vida e da luz de Deus crescendo dentro de mim e se expandindo para fora? Eu me senti revigorado através da minha meditação?
- Minha meditação aumentou minha consciência da beleza única que trago para a criação? Um aspecto específico de mim mesmo ou minha identidade. Estabeleceu algo específico na minha vida?
- Minha meditação aumentou minha consciência de minha própria voz e som dentro da criação?

27. Seguindo em frente

- Ao contrário do calor energético, senti um ar fresco ou uma brisa? Um movimento líquido aquoso ou uma sensação de calor ardente ardente?
- Como honro o que vi, ouvi, cheirei, provei, senti ou percebi durante minha meditação? Eu descarto isso como fantasia e jogo fora? Eu o trago a Jesus e permito que seja mantido em um lugar de amor e conexão?
- Que aspectos da minha meditação preciso revisitar? Levar comigo para a próxima meditação? Pode ser uma técnica de meditação específica que provocou um insight ou pode ser um insight que precisa ser focado para impulsioná-lo ainda mais.

JULGAMENTO E MISERICÓRDIA

Para os justos de Deus existe uma arte na capacidade de harmonizar Juízo e Misericórdia que se afasta de uma escala bipartidária projetada para promover a justiça através de partes iguais, karma e qualquer outro sistema onde a cobra que morde o próprio rabo é mantida (como o sistema de Libra que pesa e julga tudo em uma balança e encontra o homem em falta). "Foste pesado na balança e achado em falta" (Daniel 5:27). No entanto, para o homem ou mulher de Deus que é justificado não por sua própria justiça, mas sim por Cristo Jesus, que não teve pecado, eles são elevados acima da escala das leis naturais, acima do sistema de medição da deficiência do homem e da exigência de pagamento do universo.

Para o crente, o sangue de Cristo é colocado em ambos os lados da balança, tornando a balança vazia de sua capacidade de medir déficit ou pecado. Vemos isso em Provérbios 16:11; "pesos e balanças são do Senhor". Isso é ainda mais reiterado pelo versículo 1 Pedro 4:17; "Pois os julgamentos começam na casa de Deus." No entanto, embora não haja condenação para os que estão em Cristo (Romanos 8:1), parece que muitos de nós continuamos sintonizando nosso ser interior para o julgamento de nós mesmos e dos outros, colocando vários aspectos de nossas vidas de volta na balança do julgamento, apesar de ter sido libertado e verdadeiramente liberto por Cristo (João 8:32 parafraseado). A misericórdia de Deus dura para sempre.

É o crente maduro que é capaz de inclinar a balança global direcionando as correntes de misericórdia que entram na terra para a humanidade fazendo chover tanto sobre justos quanto sobre injustos (Mt 5:45). É o poderoso homem ou mulher de Deus que, ao invés de condenar aqueles que não fazem parte de sua tribo específica e entrar no ciclo dos oprimidos, tornando-se o opressor, escolhe cavar fundo no poço de seus alicerces e arranca vasos de misericórdia tal que o refresco do orvalho da manhã e as correntes da compaixão podem ser experimentadas por todos aqueles que se sentam à sua sombra.

Existem dois tipos de julgamento que devem ser mencionados aqui. 'Julgamento brando' que é correção e 'julgamento severo'. Surpreendentemente, ambos são atos de Misericórdia. A correção é para ajudá-lo ao longo do caminho. Com o objetivo de explicar o julgamento severo, vamos olhar brevemente para Noé. O mundo inteiro foi julgado, mas foi para a preservação da semente da humanidade. Por mais difícil que seja para a maioria das pessoas entender ou compreender, às vezes um rei mata seus inimigos para proteger sua própria família. É um ato de julgamento severo para com os outros, mas um ato de misericórdia para com sua própria família. Este é o caso de Noé e muitos outros na Bíblia.

Os reis usam o julgamento como uma ferramenta para produzir misericórdia para seu reino, colocando as coisas no alinhamento correto, em vez de condenar as nações à morte. Jesus tomou o julgamento sobre Si mesmo para que a misericórdia pudesse ser mostrada a toda a criação.

Declaração de Identidade

Eu sou...

_____

_____

que realiza (ação associada)

_____

_____

PLANO DE MEDITAÇÃO

DIA	FOCO	PLANO DE MEDITAÇÃO
DOMINGO		
SEGUNDA		
TERÇA		
QUARTA		
QUINTA		
SEXTA		
SÁBADO		

Anotações

_____

_____

DATA & LUGAR:

Julgamento contra si mesmo: em que áreas da minha vida eu sou autojulgador? Existem coisas que tento colocar de volta na balança do julgamento, em vez de permitir que a graça e a misericórdia de Deus tornem a balança vazia de sua capacidade de me medir?

Gratidão
Hoje estou celebrando

Autoconsciência
Hoje estou percebendo

Meditação [S] [N]
Fiz a minha prática de meditação hoje

Insight Espiritual
Durante a meditação de hoje eu senti, vi, percebi, aprendi, experimentei...

SEMANA 1

Manifestação
Escreva sobre o dia que deseja ter no passado, como se já tivesse acontecido.

Espaço de esboço

DATA & LUGAR:

Julgamento contra outros: quem ou o que eu julgo e exijo pagamento literal e figurativo? Existe um padrão duplo para o que espero dos outros em comparação com o que Deus diz? Como meu preconceito pessoal e conexão com minha própria tribo conduzem a forma como julgo os outros?

Gratidão
Hoje estou celebrando

Autoconsciência
Hoje estou percebendo

Meditação [S] [N]
Fiz a minha prática de meditação hoje

Insight Espiritual
Durante a meditação de hoje eu senti, vi, percebi, aprendi, experimentei...

Manifestação
Escreva sobre o dia que deseja ter no passado, como se já tivesse acontecido.

Espaço de esboço

DATA & LUGAR:

Como treino novamente meu instinto reativo para assumir uma postura de misericórdia em vez de passar para a posição defensiva de julgamento?

Gratidão
Hoje estou celebrando

Autoconsciência
Hoje estou percebendo

Meditação　　　　　　　　　　　　　　　　　　　　　　　　　　　　　　S N
Fiz a minha prática de meditação hoje

Insight Espiritual
Durante a meditação de hoje eu senti, vi, percebi, aprendi, experimentei...

Manifestação
Escreva sobre o dia que deseja ter no passado, como se já tivesse acontecido.

Espaço de esboço

DATA & LUGAR:

Em um nível global, o julgamento é definido como trazer as coisas para o alinhamento correto. Como participo para alinhar as coisas com a vontade e a misericórdia de Deus? Como emito um julgamento justo da posição de rei? Como é isso tangivelmente?

Gratidão
Hoje estou celebrando

Autoconsciência
Hoje estou percebendo

Meditação ☐S ☐N
Fiz a minha prática de meditação hoje

Insight Espiritual
Durante a meditação de hoje eu senti, vi, percebi, aprendi, experimentei...

Manifestação
Escreva sobre o dia que deseja ter no passado, como se já tivesse acontecido.

Espaço de esboço

DATA & LUGAR:

Diz-se que construir um vaso de misericórdia, para que todo o julgamento se mova de um lugar de misericórdia, é crucial para que ocorra um governo justo. O que significa construir um vaso de misericórdia? Como posso construir diariamente vasos de Misericórdia?

Gratidão
Hoje estou celebrando

Autoconsciência
Hoje estou percebendo

Meditação [S] [N]
Fiz a minha prática de meditação hoje

Insight Espiritual
Durante a meditação de hoje eu senti, vi, percebi, aprendi, experimentei...

SEMANA 1

Manifestação
Escreva sobre o dia que deseja ter no passado, como se já tivesse acontecido.

Espaço de esboço

DATA & LUGAR:

Sua misericórdia se renova a cada manhã (Lamentações 3:22-23). A misericórdia é como a nuvem/orvalho da manhã (Oséias 6:4). Contemple a conexão entre o orvalho da manhã e o refrigério que vem da misericórdia de Deus. Como podemos quebrar os vasos de misericórdia armazenados sobre aqueles em nossa vida que precisam de refrigério?

Gratidão
Hoje estou celebrando

Autoconsciência
Hoje estou percebendo

Meditação [S] [N]
Fiz a minha prática de meditação hoje

Insight Espiritual
Durante a meditação de hoje eu senti, vi, percebi, aprendi, experimentei...

SEMANA 1

Manifestação
Escreva sobre o dia que deseja ter no passado, como se já tivesse acontecido.

Espaço de esboço

DATA & LUGAR:

Deus fez chover sobre justos e injustos. Como podemos deter de forma tangível o braço do julgamento e direcionar as refrescantes correntes de misericórdia para a humanidade?

Gratidão
Hoje estou celebrando

Autoconsciência
Hoje estou percebendo

Meditação   S N
Fiz a minha prática de meditação hoje

Insight Espiritual
Durante a meditação de hoje eu senti, vi, percebi, aprendi, experimentei...

Manifestação
Escreva sobre o dia que deseja ter no passado, como se já tivesse acontecido.

Espaço de esboço

MORTE E VIDA

SEMANA 2

Esta semana estamos considerando a harmonização da morte e da vida e como a cruz transmutou a morte em vida pelo processo da ressurreição. Transformar o que deveria morrer em um estado de finalidade e permanecer morto em vida explodindo em abundância. Vida que nunca pode morrer - vida eterna.

Existem vários temas dentro desta forma de transmutação e harmonização. O primeiro é o conceito de morte e sacrifício. Existe tanto uma morte destrutiva quanto um morrer para si mesmo diariamente. A morte destrutiva que entra no mundo como consequência da queda e precisa ser transmutada pelo sangue de Cristo. Se deixado inalterado, o poder de julgamento torna-se desconstrutivo e continua a permitir que a ressonância da morte entre em nossas células, órgãos e corpo. No entanto, se aprendermos a transmutar o poder do julgamento em glória ao invés de morte pelo sangue de nosso Senhor Jesus Cristo, a luz contida no sangue é transmitida para nossas células, órgãos e corpo, produzindo a abundância da vida, curando todas as doenças (no caso da transfiguração de Cristo de Seu corpo físico). A comunhão é vital para o entrelaçamento do sangue de Cristo e do amor de Cristo e o poder tangível da cruz em nossa vida física diária.

O segundo lugar em que encontramos esse conceito de "morte" é mais um medo do que uma finalidade. Ocorre quando encontramos a santidade de Deus, quando Ele se senta no trono cercado por miríades e miríades de anjos, cada um clamando: "Santo, Santo, Santo". Essa visão pode fazer até mesmo o mais corajoso dos homens tremer sob o peso e a saturação de Sua presença. A santidade para alguns pode parecer a morte, mas é de Sua santidade que a glória é exalada e sinais, milagres, cura e vida abundante começam a fluir nas veias daqueles cujos rostos irradiam essa luz refletida.

E, finalmente, neste lugar de transmutação da morte em vida, está o papel do sacerdote e o conceito de sacrifício. O cristão que é santificado por Cristo é chamado de sacerdócio real e santo e há uma entrega sacrificial e liberação daquilo que a alma também se apega. Uma rendição a Deus como tal. Alguns chamariam esse conceito de "morrer para si mesmo", mas acreditamos e vimos muito mais frutos ao focar no processo de rendição e entrega de questões a Deus para que possamos nos concentrar mais Nele. Muitos passaram tanto tempo focando no que está errado que perderam completamente a capacidade de ver a beleza. É necessário um novo treinamento de foco, bem como uma compreensão completamente nova da natureza de nossa alma. Neste processo de "despojar-se do velho" e "vestir-se do novo", a melhor maneira possível é nos concentrarmos e aprendermos mais sobre as profundezas de Deus. À medida que os problemas inevitavelmente surgem, aprendemos com Ele mais sobre nós mesmos e mudamos em nosso pensamento e compreensão. Neste lugar de admiração, liberando a morte à qual nossa alma ainda se apega e transmutando nossa compreensão de um lugar de morte para a vida, nossa capacidade de não apenas ver a beleza, mas de transformar tudo ao nosso redor neste lugar nasce de novo.

É somente de um lugar de morte que Cristo ressuscitou.

Declaração de Identidade

Eu sou...

que realiza (ação associada)

DIA	FOCO	PLANO DE MEDITAÇÃO
DOMINGO		
SEGUNDA		
TERÇA		
QUARTA		
QUINTA		
SEXTA		
SÁBADO		

Anotações

DATA & LUGAR:

Existem algumas coisas na vida que precisam morrer para que o espaço de novas oportunidades, novas criatividades e até novos relacionamentos ocorram. Quais são algumas das coisas que precisam terminar em minha vida? Quais são algumas coisas que estou carregando ou segurando que já passaram da data de vencimento? Estas podem ser literais ou figurativos, como amizade, projeto, relacionamento ou até mesmo um padrão de comportamento.

Gratidão
Hoje estou celebrando

Autoconsciência
Hoje estou percebendo

Meditação [S] [N]
Fiz a minha prática de meditação hoje

Insight Espiritual
Durante a meditação de hoje eu senti, vi, percebi, aprendi, experimentei...

SEMANA 2

Manifestação
Escreva sobre o dia que deseja ter no passado, como se já tivesse acontecido.

Espaço de esboço

DATA & LUGAR:

Considere o versículo: "A menos que uma semente caia na terra e morra, ela dará apenas um fruto, mas se morrer, dará muito fruto" (João 12:24). Às vezes, uma semente precisa morrer e ser colocada no sangue de Cristo para que possa ser infundida com a vida abundante de Cristo e se multiplicar. Nosso apego à semente pode ser o que limita seu impacto. Escolher colocá-lo na cruz/altar, remover nosso apego, encharcá-lo com sangue e confiar a Deus para nutri-lo, crescer e colhê-lo pode ter efeitos de longo alcance. Que sementes em minha vida preciso colocar no altar e banhar no sangue de Cristo?

Gratidão
Hoje estou celebrando

Autoconsciência
Hoje estou percebendo

Meditação   [S] [N]
Fiz a minha prática de meditação hoje

Insight Espiritual
Durante a meditação de hoje eu senti, vi, percebi, aprendi, experimentei...

Manifestação
Escreva sobre o dia que deseja ter no passado, como se já tivesse acontecido.

Espaço de esboço

DATA & LUGAR:

Encharcar as coisas no sangue de Cristo não é apenas para as coisas que precisam ser entregues, mas também para as coisas que foram trabalhadas e armazenadas ao longo do tempo.

Isso poderia ser a construção da essência da alma colocada no sangue de Cristo. Pode ser excelência em sua área profissional, pode ser trabalho duro, virtude ou algo que exija disciplina, como paciência e amor crescentes. Todas essas sementes, quando colocadas no sangue, recebem a capacidade de se multiplicar e ser colhidas posteriormente em sua vida.

Gratidão
Hoje estou celebrando

Autoconsciência
Hoje estou percebendo

Meditação [S] [N]
Fiz a minha prática de meditação hoje

Insight Espiritual
Durante a meditação de hoje eu senti, vi, percebi, aprendi, experimentei...

SEMANA 2

Manifestação
Escreva sobre o dia que deseja ter no passado, como se já tivesse acontecido.

Espaço de esboço

DATA & LUGAR:

Se algo não morre, não pode ser ressuscitado? Quais são os sonhos e desejos, as sementes em minha vida que deixei morrer e que agora precisam ser ressuscitadas ou colhidas?

Gratidão
Hoje estou celebrando

Autoconsciência
Hoje estou percebendo

Meditação   S N
Fiz a minha prática de meditação hoje

Insight Espiritual
Durante a meditação de hoje eu senti, vi, percebi, aprendi, experimentei...

SEMANA 2

Manifestação
Escreva sobre o dia que deseja ter no passado, como se já tivesse acontecido.

Espaço de esboço

DATA & LUGAR:

A capacidade de ressuscitar está profundamente ligada à vida abundante, vitalidade e vivacidade de Cristo. Como celebro diariamente a vitalidade, o brilho e a vibração da vida abundante explosiva ao máximo que me foi dada por meio de Cristo?

Gratidão
Hoje estou celebrando

Autoconsciência
Hoje estou percebendo

Meditação [S][N]
Fiz a minha prática de meditação hoje

Insight Espiritual
Durante a meditação de hoje eu senti, vi, percebi, aprendi, experimentei...

SEMANA 2

Manifestação
Escreva sobre o dia que deseja ter no passado, como se já tivesse acontecido.

Espaço de esboço

DATA & LUGAR:

Muitas pessoas no mundo tiveram visões de si mesmas com 200 e 300 anos de idade, ainda vivas. A imortalidade tornou-se um grande ponto de interesse para muitos (especialmente aqueles com mais de cinquenta anos!). Este corpo físico é o único que tenho? A fisicalidade é apenas para este mundo ou também para as eras vindouras? Quantos corpos eu tenho e como começo a me conectar com todos eles? (Veja 1 Coríntios 15 para referência).

Gratidão
Hoje estou celebrando

Autoconsciência
Hoje estou percebendo

Meditação [S] [N]
Fiz a minha prática de meditação hoje

Insight Espiritual
Durante a meditação de hoje eu senti, vi, percebi, aprendi, experimentei...

SEMANA 2

Manifestação
Escreva sobre o dia que deseja ter no passado, como se já tivesse acontecido.

Espaço de esboço

DATA & LUGAR:

Um dos maiores obstáculos à ascensão é o medo da morte. Seu corpo físico não sabe ao certo se você sair, você voltará. Acreditar no oposto de um medo não anula ou lida com esse medo. A melhor forma de lidar com o medo é enfrentá-lo objetivamente, abraçá-lo, deixá-lo passar por você e quando acabar, você permanece. Reserve algum tempo e seja honesto sobre o medo da morte em sua vida. Ao fazer uma avaliação honesta, olhe fixamente para a chama do Amor e permita que Deus fale. No processo, observe as dimensões pelas quais você está ascendendo para ouvir a resposta.

Gratidão
Hoje estou celebrando

Autoconsciência
Hoje estou percebendo

Meditação [S] [N]
Fiz a minha prática de meditação hoje

Insight Espiritual
Durante a meditação de hoje eu senti, vi, percebi, aprendi, experimentei...

Manifestação
Escreva sobre o dia que deseja ter no passado, como se já tivesse acontecido.

Espaço de esboço

ABUNDÂNCIA E PROVISÃO VS SECA

Abundância versus seca é sobre equilibrar as águas que sustentam, nutrem e impulsionam a vida em toda a criação. Há quatro aspectos da água a serem considerados:

1. falta de água interna e externa causando seca, fome e morte

2. falta de água externa que representa uma oportunidade para o cristão usar seu suprimento interno de água conectado ao céu que nunca seca para sustentá-lo, não importa a circunstância externa.

3. abundância de água causando produtividade e florescimento externo

4. inundações; muita água pode causar morte e destruição se o indivíduo tentar controlar a enchente.

Para o propósito deste diário e meditação, vamos nos aprofundar no conceito de inundação.

Você já teve um sonho em que estava parado em uma praia ou perto de um rio e, de repente, olhou para cima ou se virou e havia uma parede de água ou um tsunami vindo direto para você? Você entrou em pânico? Você correu? Você se voltou para isso? Você tentou impedi-lo? Em muitos casos (não todos), como você reagiu nessa situação é como você reagiria à riqueza ou a um avanço financeiro repentino. Muitas pessoas desejam a liberdade, mas e se algo maior do que você tem capacidade de controlar começasse a vir em sua direção?

A abundância é estimulante e aterrorizante, desnuda qualquer véu que erguêssemos e nos expõe nos níveis mais profundos. A abundância, como a água, pode ser um oceano calmo que traz paz além do que já experimentamos ou um rio caudaloso na fase de inundação que corta vales e desfiladeiros na rocha mais dura enquanto se depara com uma beleza de tirar o fôlego. O poder bruto da água, riqueza e favor é algo para se contemplar. Em essência é a capacidade de se tornar o camelo no deserto e ver a chuva no horizonte quando não há nuvens no céu. Era uma vez, eu estava andando em um trem com teto de vidro com um bom amigo nas montanhas perto de Cusco, Peru. A linha férrea havia sido construída próximo a um rio que estava frequentemente em fase de cheia. Os trilhos do trem foram meticulosamente colocados para que estivéssemos literalmente a poucos metros de um rio caudaloso e da morte. Foi uma das melhores experiências da minha vida. A trilha serpenteava com o rio pela altitude da Cordilheira dos Andes que se elevava sobre nós enquanto contemplávamos sua beleza. Em cada curva havia uma nova cachoeira ou uma nova montanha coberta de neve que literalmente nos tirava o fôlego. Olhando para o rio, ele aparentemente estava lá desde que a Terra começou. As pedras menores no rio eram do tamanho de ônibus, as maiores do tamanho de um prédio comercial de dois andares. Este rio riria se alguém tentasse categorizá-lo de acordo com suas corredeiras. Era cru, selvagem, indomável e quase como se o próprio Deus o tivesse construído para nós naquele momento.

Direcionar o fluxo de finanças para dentro e para fora de sua vida requer sutileza. Requer conhecimento além do que a maioria possui e muitos daqueles que o dominam não têm ideia da profundidade do conhecimento espiritual que estão demonstrando. Direcionar o fluxo das finanças em sua vida é direcionar o fluxo das águas para dentro e para fora da sua vida. A pessoa que pode governar as águas internas e externas em torno de sua vida não apenas acumulará abundância - ela a distribuirá de cima.

Declaração de Identidade

Eu sou...

que realiza (ação associada)

DIA	FOCO	PLANO DE MEDITAÇÃO
DOMINGO		
SEGUNDA		
TERÇA		
QUARTA		
QUINTA		
SEXTA		
SÁBADO		

Anotações

DATA & LUGAR:

Se eu recebesse 1 bilhão de dólares, como eu praticamente alocaria cada dólar. Dar dinheiro não é uma opção. Quais investimentos eu faria? Em que setor eu gostaria de estar envolvido?

Gratidão
Hoje estou celebrando

Autoconsciência
Hoje estou percebendo

Meditação [S] [N]
Fiz a minha prática de meditação hoje

Insight Espiritual
Durante a meditação de hoje eu senti, vi, percebi, aprendi, experimentei...

Manifestação
Escreva sobre o dia que deseja ter no passado, como se já tivesse acontecido.

Espaço de esboço

DATA & LUGAR:

Todo mundo tem um conjunto de princípios financeiros pelos quais vive, quer esteja consciente deles ou não. Considere seus princípios financeiros e decida se eles promovem escassez ou abundância. Eles mudam dependendo da estação em que você está?

Gratidão
Hoje estou celebrando

Autoconsciência
Hoje estou percebendo

Meditação [S] [N]
Fiz a minha prática de meditação hoje

Insight Espiritual
Durante a meditação de hoje eu senti, vi, percebi, aprendi, experimentei...

SEMANA 3

Manifestação
Escreva sobre o dia que deseja ter no passado, como se já tivesse acontecido.

Espaço de esboço

DATA & LUGAR:

A aplicação mais óbvia de 'abundância versus seca' são as finanças, no entanto, existem arenas figurativas de seca e subsequente fome versus abundância de água e paisagens frutíferas e luxuosas. Considere todas as arenas da sua vida? Onde você está produzindo mais, quais áreas parecem mais exuberantes e quais áreas parecem estar em seca? Você pode direcionar mais água para essas áreas de seca?

Gratidão
Hoje estou celebrando

Autoconsciência
Hoje estou percebendo

Meditação [S] [N]
Fiz a minha prática de meditação hoje

Insight Espiritual
Durante a meditação de hoje eu senti, vi, percebi, aprendi, experimentei...

Manifestação
Escreva sobre o dia que deseja ter no passado, como se já tivesse acontecido.

Espaço de esboço

DATA & LUGAR:

Contemple a letra hebraica Gimel. Gimel é considerado o camelo que consegue manter seu próprio abastecimento de água mesmo no deserto. Como você pode usar as águas dentro de você, conectadas às águas que fluem do ser interior de Deus, para regar e manter a abundância em todas as áreas de sua vida, apesar do que as circunstâncias externas estão produzindo?

Gratidão
Hoje estou celebrando

Autoconsciência
Hoje estou percebendo

Meditação [S] [N]
Fiz a minha prática de meditação hoje

Insight Espiritual
Durante a meditação de hoje eu senti, vi, percebi, aprendi, experimentei...

SEMANA 3

Manifestação
Escreva sobre o dia que deseja ter no passado, como se já tivesse acontecido.

Espaço de esboço

DATA & LUGAR:

A inundação incontrolável de água pode parecer morte e destruição para aqueles que não sabem operar em abundância. Considere uma inundação repentina. Para aqueles que acampam no leito seco do rio esperando que nunca chova, eles são arrastados e morrem na enchente. De que maneira preciso me tornar mais expectante e me preparar para a abundância extrema e as inundações? Como faço para criar represas e trilhas metafóricas para o rio fluir para que não apenas eu, mas toda a minha terra e todas as pessoas conectadas a mim experimentem abundância?

Gratidão
Hoje estou celebrando

Autoconsciência
Hoje estou percebendo

Meditação   [S] [N]
Fiz a minha prática de meditação hoje

Insight Espiritual
Durante a meditação de hoje eu senti, vi, percebi, aprendi, experimentei...

SEMANA 3

Manifestação
Escreva sobre o dia que deseja ter no passado, como se já tivesse acontecido.

Espaço de esboço

DATA & LUGAR:

A necessidade de controlar todos os aspectos e manter todas as partes móveis é muitas vezes o que faz com que abundância, inundação e caos pareçam morte e destruição, em vez de aumento exponencial e bênção. Quais são as áreas da minha vida em que preciso abrir mão do controle supremo? Quais são as áreas da minha vida que estou segurando com muita força?

Gratidão
Hoje estou celebrando

Autoconsciência
Hoje estou percebendo

Meditação [S] [N]
Fiz a minha prática de meditação hoje

Insight Espiritual
Durante a meditação de hoje eu senti, vi, percebi, aprendi, experimentei...

Manifestação
Escreva sobre o dia que deseja ter no passado, como se já tivesse acontecido.

Espaço de esboço

DATA & LUGAR:

Trabalhar com os seres angelicais é fundamental ao direcionar o fluxo das águas tanto interna quanto externamente. Quando você olha para as águas sobre sua vida, você está ciente dos anjos que as estão dirigindo? Como você interage com esses anjos?

Gratidão
Hoje estou celebrando

Autoconsciência
Hoje estou percebendo

Meditação [S][N]
Fiz a minha prática de meditação hoje

Insight Espiritual
Durante a meditação de hoje eu senti, vi, percebi, aprendi, experimentei...

Manifestação
Escreva sobre o dia que deseja ter no passado, como se já tivesse acontecido.

Espaço de esboço

SEMANA 4

LUZ VS TREVAS

Existe um tipo de luz que está ligada ao movimento. Por exemplo, a luz do Sol e da Lua que estão ligadas aos ciclos da Terra. Existe outro tipo de luz, a luz sem movimento que é uma difusão de luz que ocorre desde a ligação da criação a Deus, ao sangue de Jesus e à glória do filho de Deus. É esta luz que ilumina a Nova Jerusalém (Rev) e esta luz que permite que o próprio conceito de vida exista dentro do mundo criado. Se a luz do Cordeiro que foi morto na fundação do mundo fosse removida da criação, a criação murcharia e morreria.

É a partir dessa premissa que a bíblia nos ordena a obedecer e nos deleitar na Palavra (e por procuração na Lei que é uma extensão da Palavra). Ao fazê-lo, nos envolvemos com a luz difusa que existe antes que a luz tivesse movimento - a luz de Cristo, a luz da glória que é emitida pelo Filho de Deus, a luz do sangue que foi imolado e a luz que sustenta a Nova Jerusalém . "Lâmpada para os teus pés é a tua palavra e luz para o teu caminho" (Salmos 119:115). Há uma luz específica que se recebe ao ler a Palavra. Uma benção que arrebata a alma, os órgãos, o caminho do homem. Bem-aventurado aquele cujo prazer está na lei do Senhor (Salmo 1), Shema Yisrael... ouvir a palavra e crer nela faz com que uma luz de fé entre na mente e dissipe as trevas da incredulidade. "E estas palavras que hoje te ordeno estarão em teu coração. Tu as inculcarás a teus filhos, e delas falarás assentado em tua casa, e andando pelo caminho, e ao deitar-te, e ao levantar-te. serão como frontais entre os teus olhos. Você as escreverá nas ombreiras de sua casa e em seus portões". (Deuteronômio 6)

Em contraste, a escuridão é um conceito interessante na Bíblia e assume várias formas. Há escuridão que é um apagar da luz de Deus para algo. A alma que não é iluminada pela Palavra. O desligar da luz é uma coisa séria. Quando a luz de Deus se apaga, não há acesso à alegria nem à presença. Essa escuridão revela o mal e faz com que uma sombra caia sobre tudo o que não tem luz. No entanto, há também a escuridão que é a invisibilidade de algo que está oculto e, claro, os mistérios de Deus que estão ocultos e não revelados.

Uma das muitas coisas que estamos explorando neste empreendimento são os mistérios de Deus que estão ocultos. "É a glória do Senhor ocultar um assunto e a glória dos Reis investigá-lo". A invisibilidade de algo na vida de qualquer pessoa é um "ainda não" porque você não está maduro o suficiente ou, muito provavelmente, um convite para explorar e amadurecer ao longo do caminho. A escuridão pode ser uma coisa linda, pois pode revelar os segredos. Agora, se soubéssemos evitar projetar para o mundo cada coisinha que Deus nos mostra e aprendêssemos a nos calar, é provável que Deus compartilhasse mais conosco. O equilíbrio da luz e da escuridão na vida pessoal pode ser um equilíbrio entre o que está oculto e o que é revelado. Uma pessoa madura torna-se o cofre que pode ser confiado com as coisas mais profundas de Deus, apenas revelando-as a estudantes confiáveis com permissão de cima.

PLANO DE MEDITAÇÃO

Declaração de Identidade

Eu sou...

que realiza (ação associada)

DIA	FOCO	PLANO DE MEDITAÇÃO
DOMINGO		
SEGUNDA		
TERÇA		
QUARTA		
QUINTA		
SEXTA		
SÁBADO		

Anotações

DATA & LUGAR:

Como Jesus, que é a Palavra, infunde luz em todo o meu ser? Como a leitura da Palavra, envolvendo as letras hebraicas (letras de luz) continua a infundir essa luz em mim?

Gratidão
Hoje estou celebrando

Autoconsciência
Hoje estou percebendo

Meditação
Fiz a minha prática de meditação hoje S N

Insight Espiritual
Durante a meditação de hoje eu senti, vi, percebi, aprendi, experimentei...

SEMANA 4

Manifestação
Escreva sobre o dia que deseja ter no passado, como se já tivesse acontecido.

Espaço de esboço

DATA & LUGAR:

Existem vários versículos da Bíblia sobre como escrever a lei (que é uma extensão da palavra) em seu coração, amarrada em sua mão e cabeça. Por que a Bíblia dá luz a esses pontos específicos? Qual é o valor da luz que satura a cabeça, o coração e a mão para o homem?

Gratidão
Hoje estou celebrando

Autoconsciência
Hoje estou percebendo

Meditação   S N
Fiz a minha prática de meditação hoje

Insight Espiritual
Durante a meditação de hoje eu senti, vi, percebi, aprendi, experimentei...

SEMANA 4

Manifestação
Escreva sobre o dia que deseja ter no passado, como se já tivesse acontecido.

Espaço de esboço

DATA & LUGAR:

Existe uma capacidade de luz e de ser envolto pela luz de Cristo que permite que alguém se esconda? Qual é o valor da ocultação para mim pessoalmente? Qual é o valor de limitar minha exposição e não exibir tudo o que eu contenho para todos?

Gratidão
Hoje estou celebrando

Autoconsciência
Hoje estou percebendo

Meditação S N
Fiz a minha prática de meditação hoje

Insight Espiritual
Durante a meditação de hoje eu senti, vi, percebi, aprendi, experimentei...

Manifestação
Escreva sobre o dia que deseja ter no passado, como se já tivesse acontecido.

Espaço de esboço

DATA & LUGAR:

Existe um conceito de luz antes do movimento, a luz que existe antes da criação e dos ciclos do Sol e da Lua. É como uma luz radiante semelhante à luz que ocorre como resultado do Cordeiro de Deus na Nova Jerusalém. Como envolvo esta forma de luz e permito que ela se difunda em todo o meu ser? O que significaria ser cortado desta luz? É mesmo possível?

Gratidão
Hoje estou celebrando

Autoconsciência
Hoje estou percebendo

Meditação [S] [N]
Fiz a minha prática de meditação hoje

Insight Espiritual
Durante a meditação de hoje eu senti, vi, percebi, aprendi, experimentei...

Manifestação
Escreva sobre o dia que deseja ter no passado, como se já tivesse acontecido.

Espaço de esboço

DATA & LUGAR:

Existe um tipo específico de luz que está conectado com a glória que se difunde em toda a criação. Como seria a criação se a luz da glória não tivesse sido congelada durante a queda do homem? Como seriam as rochas? Os animais? As plantas? O inorgânico e o orgânico?

Gratidão
Hoje estou celebrando

Autoconsciência
Hoje estou percebendo

Meditação   S N
Fiz a minha prática de meditação hoje

Insight Espiritual
Durante a meditação de hoje eu senti, vi, percebi, aprendi, experimentei...

SEMANA 4

Manifestação
Escreva sobre o dia que deseja ter no passado, como se já tivesse acontecido.

Espaço de esboço

DATA & LUGAR:

O que significa ser considerado o encarregado? Existe um princípio de ser confiado por Deus com os mistérios que está embutido na construção de oculto e revelado. Como isso se integra ao meu ego e à minha compreensão da responsabilidade que carrego para lidar com as coisas mais profundas?

Gratidão
Hoje estou celebrando

Autoconsciência
Hoje estou percebendo

Meditação
Fiz a minha prática de meditação hoje [S] [N]

Insight Espiritual
Durante a meditação de hoje eu senti, vi, percebi, aprendi, experimentei...

SEMANA 4

Manifestação
Escreva sobre o dia que deseja ter no passado, como se já tivesse acontecido.

Espaço de esboço

DATA & LUGAR:

À medida que nos movemos entre a luz e o mistério, há um conceito de ocultação e revelação. Se o que estamos revelando ou qual aspecto de nós mesmos deve ser revelado pudesse ser feito perfeitamente, como seria? Quais são os passos necessários para administrar bem o que aprendemos? Como a revelação de nós mesmos afeta as pessoas ao nosso redor? E como as amamos mais por meio de nossa revelação, especialmente quando a parte de nós com quem elas se relacionam está se desvanecendo para dar lugar ao novo?

Gratidão
Hoje estou celebrando

Autoconsciência
Hoje estou percebendo

Meditação [S] [N]
Fiz a minha prática de meditação hoje

Insight Espiritual
Durante a meditação de hoje eu senti, vi, percebi, aprendi, experimentei...

SEMANA 4

Manifestação
Escreva sobre o dia que deseja ter no passado, como se já tivesse acontecido.

Espaço de esboço

A revelação estabelecida de luz e iluminação em sua vida é uma realidade dimensional que poucos foram capazes de expressar (fora da arte e do anime). Mesmo assim, em um nível pessoal, é difícil descrever outra coisa senão acordar no melhor dia da sua vida a cada momento em que você respira para se concentrar em algo diferente. A beleza, a honra, a vida, o amor, a realização, a alegria, a força e tudo mais vêm, mesmo que por um momento, na eternidade. João, o Revelador, disse isso melhor em Apocalipse 4:11; "Tu és digno, nosso Senhor e nosso Deus, de receber a Glória, a Honra e o Poder. Pois tu criaste todas as coisas e por tua vontade elas existiram e foram criadas."

SUGESTÕES ADICIONAIS

Semana 1: Juízo e Misericórdia
- Como um Rei julga?
- Como um Rei mostra misericórdia?
- Existe uma situação em que ambos são mostrados e se aplicam?
- Como tem sido o julgamento em sua vida?
- Onde vi o princípio do equilíbrio universal da balança em outras religiões, setores da vida, zodíaco?
- O que as palavras 'justo' e 'igual' significam para mim e quanto valor eu atribuo a esses componentes? Sinto-me profundamente ofendido quando considero algo "injusto"? Como esses conceitos interagem com minha percepção da graça?
- Eu pensei que Jesus tivesse levado tudo isso? Que partes ele assumiu e quais partes ele não assumiu?
- Qual é a diferença entre o julgamento que vem do Pai e o julgamento que vem do mundo e de nossas ações?
- Quando a misericórdia se torna demais? Causa dano?
- Em que ponto a misericórdia deixa vulnerável aquilo que sou chamado a proteger?
- Com quais aspectos da compaixão Deus vê o mundo?
- Concentre-se em um aspecto da compaixão e comece a integrá-lo em seus compromissos. Como isso muda o compromisso?

Semana 2: Vida, Morte, Sacrifício, Rendição, Saúde e Ressurreição
- O que significa morrer diariamente?
- Como o sangue de Jesus Cristo causa a multiplicação e em que dimensões essa multiplicação ocorre?
- Quando Adão aprendeu o princípio da ressurreição, se não havia morte ou decadência no céu? Ele aprendeu depois da queda?
- Qual é a relação entre o sono e a morte? Dormir no Céu era igual dormir na Terra? Considere as palavras de Isaías "Desperta, ó dorminhoco, e levanta-te dentre os mortos"? (Isaías 60:1; Efésios 5:14)
- Como posso equilibrar minha saúde espiritual com minha saúde natural?
- Como minha saúde natural afeta minha saúde espiritual?
- Como minha respiração física e meu nível de estresse afetam minha capacidade de agir no espírito?

Semana 3: Abundância e seca
- Como é a abundância para você?
- Como posso transformar em abundância o que tenho atualmente?
- Que gatilho emocional eu tenho que me leva a gastar dinheiro loucamente? Da seguinte lista de estratégias publicitárias de persuasão (reciprocidade - sentindo que preciso dar depois de ter recebido; prova social - usando o que a maioria da massa valida; autoridade - confiando e crendo; escassez - o último que sobrou; exclusividade – único item desse tipo; e consistência - mantendo as escolhas anteriores) a qual ferramenta de marketing sou mais suscetível e em qual área da minha vida?
- Que porcentagem de meus lucros e ganhos posso gastar comigo mesmo? Qual é a minha própria estrutura de recompensa?
- Como posso me proteger contra um mercado inseguro ou uma crise econômica?
- Como posso me preparar melhor para a próxima seca?
- A seca é necessária? Por que ou por que não?
- Preciso administrar minhas próprias finanças? Por que ou por que não?
- Quem posso contratar para me ajudar no meu futuro?
- Como faço para aumentar o fluxo de água em minha vida? Como posso aumentar a taxa de conexão entre as águas da minha vida e as águas que procedem do trono de Deus? Toda a água tem que passar pelo meu coração ou pode contorná-lo e fluir diretamente para a minha mão?
- Após a inundação figurativa, quais são os sinais de que há terra seca à frente?

Semana 4: Luz, iluminação, escuridão e mistério
- Qual foi a escuridão que Deus criou em Gênesis 1?
- O que a luz espiritual faz?
- Qual é a diferença entre luz e iluminação?
- Qual é a diferença entre escuridão e mistério?
- O que mais a escuridão que Deus criou contém além de mistério?
- O que acontece quando a Luz brilha sobre você?
- Quais são as diferentes áreas de iluminação?
- Por que existem polaridades como luz e escuridão, iluminação e mistério?
- Essas polaridades existem nos reinos superiores do Céu? Por que ou por que não?
- Onde está a luz dentro de você e qual é o processo pelo qual a luz revela a iluminação?

SOBRE O AUTOR

Joseph Sturgeon vive e trabalha no Alabama. Ele adora passar o tempo no céu e registrar essas experiências por escrito.

Caso contrário, você o encontrará curtindo o ar livre, envolvido no mundo dos negócios e viajando com amigos.

Mais recursos podem ser encontrados em www.revelationrevealed.net

Seraph Creative é um grupo de artistas, escritores, teólogos e ilustradores que desejam ver o corpo de Cristo crescer em plenitude maturidade, caminhando em sua herança como Filhos de Deus na Terra.

Assine nosso boletim informativo para saber sobre futuros lançamentos emocionantes.

Visite nosso website :

www.seraphcreative.org

www.ingramcontent.com/pod-product-compliance
Lightning Source LLC
Chambersburg PA
CBHW050726010526
44107CB00009B/749